Franz Wöllzenmüller

Richtig Radfahren

Sechste, durchgesehene Auflage

BLV Sportpraxis

BLV

CIP-Titelaufnahme der Deutschen Bibliothek

Richtig Radfahren / Franz Wöllzenmüller. –
6., durchges. Aufl. – München; Wien;
Zürich: BLV, 1991
(BLV-Sportpraxis; 207)
ISBN 3-405-13092-1
NE: Wöllzenmüller, Franz; GT

BLV Verlagsgesellschaft mbH
München Wien Zürich
8000 München 40

BLV Sportpraxis 207

Gestaltung: Franz Wöllzenmüller
Satz und Druck: Appl, Wemding
Bindung: Großbuchbinderei Monheim

Printed in Germany · ISBN 3-405-13092-1

Bildnachweis:
Adidas Fotoarchiv S. 76
D. Birkner S. 87, 125
Cilo Fahrradwerke, Schweiz S. 10, 11, 44, 56, 57
M. Mühlberger S. 43, 64, 75, 78
Puma Fotoarchiv S. 76
Sport Scheck Fotoarchiv S. 76, 80, 82, 126, 127
S. Simon S. 58, 69, 73, 83, 88, 98, 103, 104, 107, 117
M. Uselmann S. 29, 36
Foto Werek S. 110
Alle übrigen Fotos vom Autor
Umschlagfotos:
Sport Scheck (Vorderseite)
Franz Wöllzenmüller (Rückseite)
Grafiken: Barbara v. Damnitz

Inhalt

Einleitung 7

Radwandern 9

Das richtige Rad für Ihren Zweck . 9
Räder für Tour und Wanderung . . 13
Die Position auf dem Fahrrad . . . 14

Pflege des Fahrrads 15

Kleine Reparaturen 19
Einsetzen eines Bremsgummis . . 19
Einstellen der Bremsen 20
Einstellen des Lenkers 20
Reifen „flicken“ 21
Die Beleuchtung funktioniert nicht 26

Die kleine Radwanderung 27

Die Radtour 29
Die körperliche Vorbereitung . . . 29
Trainings-Aufbauprogramm 30
Der Zustand des Fahrrades 34
Die Kleidung 34
Die Tourenplanung 34
So packt man Rucksack und Taschen 36

Verkehrsvorschriften 38

Der Sportarzt zum Thema Radfahren 41

Radsport 42

Die Rennmaschine 45
Das gehört zum Rennrad 46
Rahmen und Gabel 46
Tretlager, Kettenräder, Kurbeln . . 46
Pedale, Rennhaken 47
Sicherheitspedale 47
Lenker mit Vorbau 48
Schaltung, Zahnkranz, Kette . . . 50
Bremsen und Bremsgriffe 52
Laufräder – Felgen, Speichen, Naben, Reifen 52
Sattelstütze, Sattel 55
Luftpumpe, Flaschenhalter, Reservereifen 55

So entsteht eine Rennmaschine . 56

Ein Rad nach Maß 59
Rahmenhöhe/Rahmenlänge . . . 62
Tretkurbellänge 63
Sattelposition 65
Rennbügel – breit oder schmal? . 68
Die Stellung des Fußes auf dem Pedal 70
Rennhaken und Pedalklammern . 71
Die Übersetzung 72

Die Kleidung 76

Pflege der Rennmaschine 89

Reifenmontage 90

Ein „Achter“ und wie man ihn ausrichtet 96
Tips und Tricks 97

Technik beim Radfahren 99
Pedalieren 99
Der Wiegetritt 103
Die Verbesserung der Tretbewegung 105
Die Wahl der Übersetzung 105
Richtig schalten 106
Griffposition am Lenker 108
Bremsen – aber mit Gefühl 111
Kurvenfahren 112
Windschattenfahren 112

Vor und nach der Trainingsfahrt . 114
Fahrradkontrolle vor dem Start . . 114
Der Ersatzreifen 114
Körperpflege 114
Ernährung 115

Spezial-Training für Radsportler . 118

Fahrradbau – heute und morgen 124

Fahrradtransport 126

Einleitung

Es ist gewiß nichts Neues, wenn alte, scheinbar vergessene Tätigkeiten zu neuer Blüte gelangen und in veränderter Form einen wahren Boom erleben. In jüngster Zeit war das auf vielen Gebieten zu beobachten. Bei den Wintersportarten hat uns in den letzten Jahren die Langlaufwelle überrollt. Auf der Suche nach einer ursprünglichen Form des Skilaufs, feierte der Skilanglauf fröhliche Urständ. Bei den Sommersportarten gibt es eine ähnliche Entwicklung. Der Radsport wurde wiederentdeckt. Vor 25 Jahren war das Fahrrad für den Normalbürger weniger Sportgerät, als zweckmäßiges und billiges Fortbewegungsmittel. Das sog. Wirtschaftswunder machte bald aus Radfahrern stolze Autobesitzer. Inzwischen wurden viele Autofahrer des allsonntäglichen Kolonnenfahrens überdrüssig. Das »Stahlroß« kam wieder zu Ehren – mit einigen Finessen mehr, die zum großen Teil den Rennrädern der großen Fahrer von Fausto Coppi bis Eddy Merckx abgeschaut wurden. Auch sportliche Vorbilder mögen zu dieser überraschenden Wiedergeburt beigetragen haben. Die Fernsehübertragungen von den großen Etappenrennen und den bekannten »Klassikern« sind heute so perfekt, daß man meint, dabei zu sein. So kann man die ungeheure Leistung der Radsportler besser beurteilen.

Eine ungeheuere Faszination haben diese großen Radrennen schon immer ausgestrahlt. »Tour de France« und »Giro d' Italia« sind alljährlich die großen Ereignisse für Millionen von Radsportanhängern. Dadurch profitiert besonders das Interesse am sportlichen Rad. Aber gerade derjenige, der Radfahren sportlich betreiben will, darf die Theorie nicht außer Acht lassen. Das beginnt bereits beim Kauf einer »Maschine« mit der richtigen Rahmenhöhe und Sitzposition. Gezielte Ratschläge sollen dem begeisterten Radsportler weiterhelfen: von der Ausrüstung, der richtigen Technik bis zum Training. Viele, praxisnahe Tips wird Ihnen das vorliegende Buch vermitteln, damit die Freude an dieser Sportart noch größer wird.

Es wird um Verständnis dafür gebeten, daß in diesem Buch immer nur vom Radfahrer gesprochen wird, und damit der Eindruck erweckt wird, dieser Sport sei dem männlichen Geschlecht vorbehalten. Das Gegenteil ist der Fall. Auch das Radfahren in seiner sportlichen Ausprägung ist genauso Frauensport. Der Einfachheit halber ist aber nur von -ern und nicht von -erinnen die Rede.

Radwandern ist der gemütlichere Bruder des sportlichen Radfahrens. Radwandern kann genauso reizvoll wie das »Kurbeln« auf der Rennmaschine sein. Durch die Konstruktion von Felgen und Bereifung müssen auch schlechtere Sandstraßen nicht gemieden werden. Und damit ist eine Wanderung abseits jeglichen Autoverkehrs möglich. Die Radwanderung kann das Bedürfnis des Menschen nach Erholung besonders gut erfüllen, verbindet sie doch den Wunsch des Menschen nach einem größeren »Aktionsradius«, mit der Beschaulichkeit und dem Wiederentdecken der Natur.
Das erste Fahrrad »die Draisine«, benannt nach ihrem Erfinder dem badischen Forstmeister »von Drais«, verlangte noch das Laufen mit dem Rad. Unsere heutigen Räder sind technisch ausgereifte Konstruktionen, die – mit Gangschaltung – das Wandern zur Spielerei machen.
Hier gleich ein Tip für alle, die den Kinderbeinen und damit dem Kinderrad mit Stützrädern entwachsen sind, die aber erst Radfahren **lernen** wollen: **Machen Sie Ihr Fahrrad zur Draisine.**
Die Pedale werden abmontiert und der Sattel so niedrig gesetzt, daß man mit den Füßen gut auf den Boden kommt. Nun laufen Sie mit dem Rad, indem einmal mit dem rechten, dann wieder mit dem linken Fuß angeschoben wird. Sehr schnell erlernt man so das Gleichgewichthalten und Lenken. Mit etwas Gespür findet sich auch ein einsamer Weg, auf dem Sie mit Ihrer Laufmaschine in Ruhe üben können.

Das richtige Rad für Ihren Zweck

Der erste, aber auch entscheidendste Fehler kann bei der Wahl des Fahrrads gemacht werden. Hier die gängigsten Radtypen mit einer kurzen Klassifizierung.

Das Klapprad

Vor einigen Jahren schien es, als wollte sich das Klapprad die ganze Autofahrerwelt im Sturm erobern. Nun ist es viel ruhiger um diesen Kofferraum-Treter geworden. Das Klapprad eignet sich sehr gut für kurze Stadt- oder Einkaufsfahrten. Aber selbst nach Einbau einer Gangschaltung ist dieser relativ schwere Radtyp mit kleinen, breiten Reifen nicht für längere Fahrten geeignet. Auch kleinste Hügel verlangen schwere Tretarbeit.
Denn zu den kleinen Reifen kommt der zu kurz geratene Rahmen, der ja im Kofferraum Platz haben muß. Eine ungünstige Sitzposition ist die Folge. Die schlechten Hebelverhältnisse beim Treten erschweren das Fahren.

Oben: Ein gut ausgestattetes Damen-Tourenrad. Rechts: Sportlicher Halbrenner mit Rennlenker und Kettenschaltung.

Das Tourenrad

Es heißt zwar Tourenrad, ist aber für längere Touren nicht gut geeignet. Früher gab es praktisch nur dieses Fahrrad: Relativ schwer, aber unglaublich robust, mit Rücktrittbremse – ohne Gangschaltung. Für gemütliches Radbummeln ist das normale Tourenrad gut geeignet, nicht jedoch für längere Fahrten mit großen Steigungen.

Das Super-Tourenrad

Die neuesten Kreationen der Fahrradbauer verheißen Gutes. Sie sind leichter und laufen besser als das normale Tourenrad. Die Bequemlichkeit wird durch einen guten Sattel und Lenker vervollständigt. Außerdem sind alle mit Gangschaltungen ausgestattet. Seit einigen Jahren geht der Trend zum sog. **Leichtbaurad.** Es ist meist noch relativ teuer, bringt aber große Vorteile. Der Rahmen besteht aus extraleichten Spezial-Rohren, das Tretlager aus Leichtmetall; Kurbeln, Lenker und Vorbau aus Aluminium. Es gibt Firmen, die sogar den Rahmen aus Aluminium fertigen. 13 Kilogramm ist das erstaunlich niedrige Gewicht dieses Modells. Mit dem Leichtbaurad lassen sich auch längere Touren und Radwanderungen problemlos durchführen.

Das Tandem

Für Pärchen, die sich gut verstehen, ist das Tandem nahezu ideal. Zwar beansprucht es ziemlich viel Platz, doch zwei einzelne Räder benötigen auch Raum. Ein eingespieltes Team kann auf einem Tandem respektable Geschwindigkeiten erreichen. Tandems gibt es nämlich auch in rennsportlicher Ausführung mit 10-Gang-Kettenschaltung. Außerdem wirken sich Konditionsunterschiede zwischen den Partnern nicht so stark aus. Der Ehemann, der sonst immer auf seine Frau an jeder Steigung warten mußte, kann jetzt seine Kondition zum Nutzen beider voll einsetzen.

Der Halbrenner

Von der Rennmaschine einmal abgesehen, ist der Halbrenner das sportlichste Rad. Es ist leicht und trotzdem noch robust. Dieser Radtyp verfügt über 5-, 8- oder 10-Gangschaltung und schmale Reifen. Diese Drahtreifen sind relativ leicht, aber im Gegensatz zum Schlauchreifen trotzdem leicht zu flicken (siehe Reparatur eines »Plattfußes« S. 22). Die Jugend ist auf den Halbrenner besonders erpicht: Er kommt ihrer Idealvorstellung vom Rennrad ziemlich nahe und ist vom Preis her erschwinglich. Doch nicht allein der Rennlenker macht den Unterschied zum Tourenrad aus. Je nach Preis liegt die Ausstattung zwischen einem normalen Tourenrad und einer Rennmaschine. Einige Zubehörteile sind nicht mehr aus Stahl, sondern aus Duraluminium: Felgen, Lenker, Tretkurbel, Pedale, Bremsen und die Naben. Dieses Rad ist mit Gepäckträger, Schutzblech und anderem Lenker (einem gemütlichen Tourenlenker, statt des Rennlenkers) voll tourentauglich.

Das Mountain-Bike - MTB

Ein robustes Rad mit breiten und griffigen Reifen, das sich hervorragend für schlechte Wege und Geländefahrten eignet.
Dieses Bike hat inzwischen seinen Siegeszug in alle Bereiche angetreten, denn es gibt inzwischen verschiedene Variationen: Für den Radwanderer interessant ist das sogenannte ATB = All-Terrain-Bike (mit schmaleren Reifen).
MTB's und ATB's gibt es in verschiedenen Preiskategorien. Spitzenbikes haben eine Ausstattung wie hochwertige Rennmaschinen.

Wichtige Punkte zur Ausrüstung:
Wenn irgend möglich, sollte der Radkäufer oder Besitzer auf folgende Einzelheiten achten:

Der bequeme, breite Polstersattel ist für lange Strecken ungünstig, weil er über längere Zeit hindert. Wer Touren über weite Strecken im Sinn hat, ist gut beraten, wenn er zum schmalen Rennsattel greift. Bewährt haben sich pflegeleichte Kunststoffsättel, die einen Wildlederüberzug besitzen.

Alle, die nicht extrem sportlich fahren wollen, sollten einen der bequemen Touren- oder Trainingslenker wählen, die es in vielen Variationen gibt. Sie sind damit besser bedient, als mit einem Rennlenker.

Für kürzere Radwanderungen reichen Turnschuhe oder Halbschuhe aus. Je nach Pedalausführung verlangen längere Touren Radschuhe mit harter, versteifter Sohle, damit die Pedalzähne nicht auf den Fußballen drücken (auch die Kraftübertragung ist besser).

Auf einen Blick – Räder für Tour und Wanderung

Radtyp	Merkmale	Gewicht	Preis
Klapprad Einkaufsfahrten Stadtbummel	leicht transportierbar, aber nur für kurze Strecken	ca. 18 kg	250–500 DM
Tourenrad kurze Ausflüge, Einkaufsfahrten	sehr robust, für längere Ausflüge ungeeignet	ca. 16–17 kg	300–400 DM
Super-Tourenrad mittlere Ausflugsfahrten	robust und bequem als »Leichtbaurad« auch für längere Touren geeignet	ca. 14–15 kg	500–700 DM
Tandem mittlere bis lange Fahrten	Tandems gibt es in Touren- oder Sportausführung	ca. 20–22 kg	800–1800 DM
Halbrenner längere Touren, sportliches Fahren	leicht laufendes, trotzdem noch robustes Rad	ca. 13–14 kg	500–800 DM
Spezial-Tourenrad/ All-Terrain-Bike lange Strecken, für Radtouristik geeignet	Kombination aus Tourenrad und Rennmaschine, 12–18 Gang	ca. 12–15 kg	800–2000 DM
Mountain-Bike Touren im unwegsamen Gelände	robustes Sportrad, viele Übersetzungen für jedes Gelände	ca. 15–18 kg	600–2000 DM

Die Position auf dem Fahrrad

Anders als bei der Rennmaschine, ist bei normalen Tourenrädern ein Anpassen des Rahmens nach Maß selten möglich. Ein Thema hat jedoch auch für den Radwanderer Bedeutung – die Einstellung der Sattelhöhe. (Die Rahmenhöhe lesen Sie bitte im Kapitel »sportlicher Radfahrer« Seite 62 nach.)
Auf dem Fahrrad sitzend stützt man sich mit der Hand seitlich gegen eine Wand (Zaun), um das Gleichgewicht nicht zu verlieren. Ein Pedal bringt der Fahrer dann in die unterste Position. Der Fuß (Schuhe mit flacher Sohle oder ohne Schuh) wird mit der **Ferse** auf das Pedal gestellt. Die Höhe des Sattels stimmt, wenn der Fuß dabei fast durchgestreckt ist.

Pflege des Fahrrads

So blitzblank wie am ersten Tag wird Ihr Fahrrad nur kurz vor Ihnen stehen. Nicht allein um Schönheit geht es in diesem Kapitel: Ein gepflegtes Rad hat eine längere Lebensdauer, und Schmutz in den beweglichen Teilen verschlechtert die Laufeigenschaften und Sicherheit.

Putzen und ölen ist notwendig!
Was man dazu braucht:

- 1 Flasche Petroleum
- Pinsel und alte Zahnbürsten
- Chromreinigungsmittel
- Schwamm und nicht fusselnde Tücher
- ein spezielles Pflege- und Putzmittel (Putzöl)

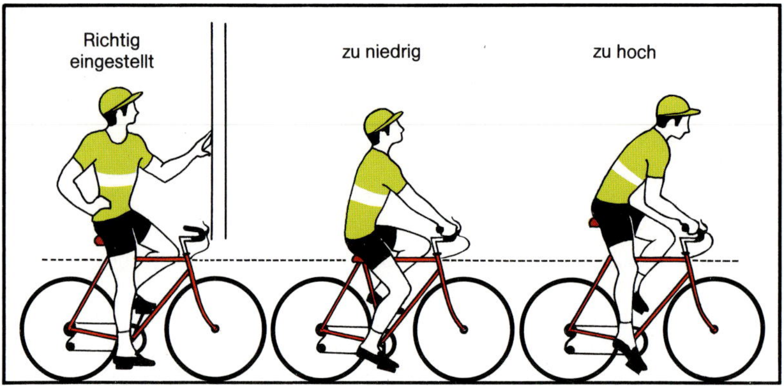

Pflege des Fahrrads

Die »Utensilien« für vernünftige Fahrradpflege. Das Rad wird Ihnen die Pflege durch lange Lebensdauer danken.

Putzen

Das leicht verschmutzte Rad wird mit einem Putzöl eingesprüht. Nach kurzem Einwirken poliert man mit einem weichen Lappen alle Teile ab. Dieses Mittel löst nicht nur den Schmutz, sondern konserviert gleichzeitig Lack, Chrom und Metall.

Dem stark verschmutzten Rad muß man anders zu Leibe rücken: Mit viel Wasser, Reinigungsmittel und einem Schwamm. Rahmen, Räder, Bremsen, Lenker und Reifen sind mit dem Schwamm sehr gut zu reinigen. Stark verdreckte Reifen werden mit einer weichen Bürste

wieder sauber. Anschließend ist das Rad mit klarem Wasser nachzuspülen. Wer den Schlauch dazu verwendet, darf den Wasserstrahl auf keinen Fall auf das Tretlager halten, weil dadurch Wasser eindringen könnte.
Das Trockenreiben nach dem Abspülen ist selbstverständlich. Und nach einer so gründlichen »Putzkur« sind alle beweglichen Teile zu ölen, (beziehungsweise nachzuschmieren) und Lack sowie Chrom mit einem Pflegemittel zu behandeln.

Ölen und schmieren
Die Kabel an den Bremsgriffen, die beweglichen Teile der Bremse und die Schaltung müssen regelmäßig mit einem guten Fahrradöl behandelt werden. Fahrradöl deshalb, weil es in seiner Beschaffenheit auf das Rad abgestimmt ist und nicht verharzt. Bei alten Rädern ist am Tretlager ein kleiner Schmiernippel angebracht. Die neuen Ausführungen sind dauergeschmiert und deshalb wartungsfrei.
Sie sollten nur einmal im Jahr vom Fahrradhändler überprüft werden. Öl ist in diesem Falle verkehrt, es zersetzt das Schmiermittel.

Reinigen des Nabenkugellagers
Bevor diese Arbeit in Angriff genommen wird, sollte man sich beim Fahrradhändler erkundigen, ob die Naben des eigenen Fahrrads bereits **wartungsfrei** geschmiert sind. (Dann entfällt die Reinigungsarbeit). Bei Tourenrädern ist das normalerweise nicht der Fall. Die Räder werden dazu abmontiert und flach gelegt. Nun gießt man tröpfchenweise auf einer Seite Petroleum in die Nabe, unter ständigem Drehen der Achse. Das Petroleum fließt auf der Unterseite wieder heraus und rei-

nigt damit das Kugellager. Erst wenn das Petroleum auf der anderen Seite ohne Schmutz herausfließt, ist das Lager sauber. Nicht übersehen werden darf das anschließende Ölen der Nabe.

Reifen

Zur Fahrradpflege gehört auch das regelmäßige Aufpumpen der Reifen, auch wenn man das Rad nicht benützt. Ein Reifen, der wochenlang mit einem »Plattfuß« herumsteht, wird brüchig und weist damit eine wesentlich kürzere Lebensdauer auf. Bei immer gleichem Luftdruck bekommt der Gummi nicht so leicht Risse. Es gibt zwei Möglichkeiten: Den Reifendruck immer konstant zu halten oder durch einen Fahrradständer, beziehungsweise Aufhängen des Fahrrades, die Reifen zu entlasten. Für beide Varianten gibt es beim Fachhändler für wenig Geld geeignete Vorrichtungen.

Reinigen der Kette

Eine verdreckte oder gar verrostete Kette ist nicht flexibel und erschwert damit das Treten. Mit gleichem Kraftaufwand kommt man langsamer vorwärts.

Die Kette kann man mit Hilfe eines Pinsels oder einer alten Zahnbürste, die man vorher in Petroleum getaucht hat, gründlich reinigen. Sehr stark verschmutzte Ketten brauchen ein Petroleumbad. Dazu wird die Kette abgenommen und in eine flache Blechschüssel mit Petroleum gelegt. Ketten von Touren- und Sporträdern sind meist an einer Stelle durch das sog. Kettenschloß verbunden und leicht zu trennen. Ketten von Rennmaschinen müssen mit einem Spezialwerkzeug »entnietet« werden. Nach der gründlichen Reinigung ist die Kette Glied für Glied zu schmieren. Es gibt dafür ein spezielles »Kettenfett«.

Foto rechts oben:
1 Maulschlüssel,
2 Montiereisen (Reifenheber),
3 Kombizange,
4 Fahrradöl,
5 Flickzeug und Gummilösung,
6 Schraubenzieher,
7 Gabelschlüssel,
8 Rundschlüssel,
9 Putzmittel und Rostschutz

Gerade das regelmäßige Reinigen der Kette sollte man nicht vernachlässigen. Eine leicht laufende Kette hilft, viel Kraft zu sparen.

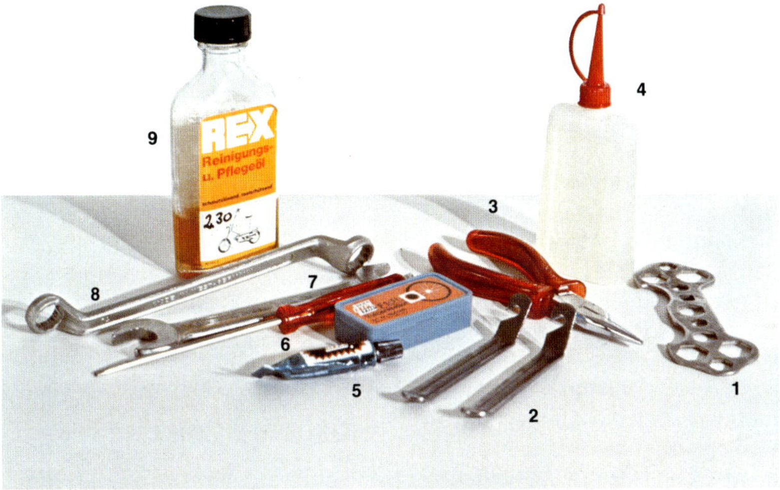

Die wichtigsten Werkzeuge:

- Ein Schlüssel für 10 verschiedene Muttergrößen (der sog. »Knochen«)
- Ein flacher 8- bzw. 11-Maulschlüssel
- Schraubenzieher
- Kombizange
- Flickzeug
- Ein Satz Montiereisen (3 Reifenheber)

Es gibt viele kleine Reparaturen, die man selbst ausführen kann. Voraussetzung ist allerdings das richtige Werkzeug. Mit schlechten oder unpassenden Geräten kann mehr Schaden angerichtet werden.

Einsetzen eines Bremsgummis

Gut funktionierende Bremsen können lebenswichtig sein. Abgenützte Bremsgummis sollten deshalb regelmäßig ersetzt werden. Man

schraubt die Bremsgummihalter ab. Nach dem Entfernen des alten Materials wird der neue Bremsgummi von der Seite in die Halterung geschoben. Das geht manchmal sehr schwer. Mit etwas Talg oder einem Tropfen Öl rutscht er leichter. Allerdings darf das Öl nicht auf die Bremsseite kommen, sonst werden Sie beim nächsten Bremsversuch unangenehm überrascht sein. Bei der Montage des Bremsgummihalters ist darauf zu achten, daß man ihn nicht verkehrt montiert – mit der offenen Seite in Drehrichtung des Rades. Der Gummi wird sonst durch die Felgenreibung wieder herausgeschoben.

Einstellen der Bremsen

Ist der Bremsweg zu lange, der Gummi aber noch intakt, muß die Bremse nachgestellt werden. Mit einer Hand drückt man die Bremsbacken so zusammen, daß noch ca. 3 mm Abstand zur Felge bestehen. (Die Bremsen greifen sonst zu hart.)
Die untere Rändelmutter am Seilzug wird gelöst, nachgestellt und die zweite Mutter nachgezogen. Ist die Nachstellmöglichkeit nicht mehr gegeben, muß die Seilklemmschraube gelöst, und das Bremsseil mit einer Zange nachgezogen werden.

Einstellen des Lenkers

Die oben auf dem Vorbau sitzende Schraube wird ca. 1 cm herausgeschraubt. Man gibt mit dem Hammer einen leichten Schlag darauf und kann nun die gewünschte Lenkerhöhe einstellen. Genaues Ausprobieren lohnt sich. Als Hinweis kann folgende Regel gelten:

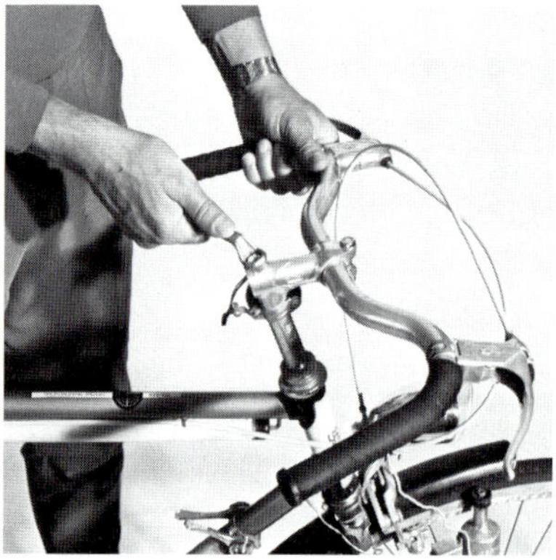

Zwei Drittel des Körpergewichtes trägt der Sattel, ein Drittel ruht auf dem Lenker. Ist der Lenker zu tief, lastet zu viel Gewicht auf den Armen, die dann schnell ermüden und steif werden. Bei zu hoher Einstellung ergibt sich eine ungünstige Sitzposition; man muß bei jeder leichten Steigung aus dem Sattel und sich nach vorne beugen, um die optimale Stellung zu erreichen.

Reifen »flicken«

Tourenräder, Sporträder und meist auch Halbrenner besitzen sogenannte »Drahtreifen«. Diese Reifen bestehen aus zwei Teilen: dem dünneren, aufpumpbaren Schlauch und als Schutz darüber ein robuster Reifen. In die Ränder dieser Reifen sind Drahtseile eingebaut, die so knapp bemessen

wurden, daß sie sicher auf der Felge sitzen.
Der Rennfahrer benützt »Schlauchreifen«. Reifen und Schlauch sind dabei ein Stück. Dieser Schlauchreifen kann nicht vom Fahrer geflickt werden, deshalb ist das Mitführen eines Reservereifens notwendig.

Zur Reparatur benötigt man

- 1Satz Reifenheber (3 Stück),
- Flickzeug mit Gummilösung,
- Gummiflicken,
- Raspel.

Bei der Reparatur geht man folgendermaßen vor:

1 Zuerst wird die restliche Luft heraus gelassen, die Ventilüberwurf- und Felgenmutter abgeschraubt und sicher aufbewahrt.

2 Den kleinsten Reifenheber schiebt man zwischen Reifen und Felge. Die nächsten folgen in jeweils 10 cm Abstand. Der Reihe nach werden die Heber nun aufgerichtet und mit der Kerbe in die Felge eingehängt. Um den Reifen vollständig auf einer Seite von der Felge zu lösen, schiebt man den mittleren und vorderen Heber Stück für Stück nach.

3 Wenn der Reifen auf einer Seite von der Felge gelöst ist, kann man den Schlauch herausziehen. Das Loch findet man leichter, wenn man den Schlauch in eine Schüssel mit Wasser oder auch eine tiefe Pfütze taucht. Der aufgepumpte Schlauch wird unter Wasser gehalten. Die schadhafte Stelle verrät sich durch Luftblasen.

Nach dem Lösen des Drahtreifens von der Felge, kann der Schlauch mühelos herausgezogen werden.

Große Löcher oder Risse im Schlauch entdeckt man sofort. Oft sind es jedoch winzige Stellen, an denen die Luft nur langsam entweicht. Der Schlauch wird leicht aufgepumpt.

Zur Suche nach der schadhaften Stelle wird am besten ein Eimer mit Wasser verwendet. Im Wasser aufsteigende Luftperlen signalisieren die zu flickende Stelle.

1

2

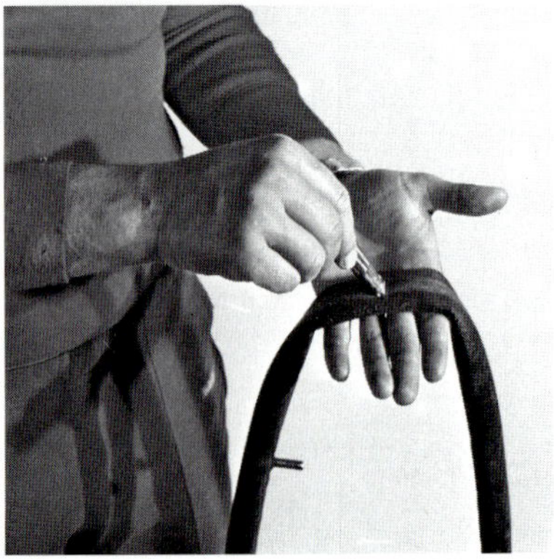

3

4 Wer auf die Wasserprobe verzichten muß, ist auf das Geräusch der entweichenden Luft angewiesen. Oder man hält den aufgepumpten Schlauch ans Gesicht und dreht den Schlauch, bis der Luftzug zu spüren ist. Etwas Spucke hilft, die Stelle genau zu lokalisieren.

5 Zum Flickzeug gehört eine kleine Raspel, mit der der Gummi rings um die Flickstelle aufgerauht wird. Danach verteilt man dünn den Gummikleber auf dem Schlauch in Größe des Gummiflickens, der das Loch dichten soll.

6 Nach ein paar Minuten Antrocknen zieht man vom Gummiflicken die Schutzfolie ab und drückt ihn kräftig auf die Klebestelle. Vor der Montage des Schlauches sind 10 Minuten Pause ratsam. Zum Aufziehen wird ein wenig Luft aufgepumpt, damit sich der Schlauch nirgends einklemmen kann. Beim Aufziehen des Reifens beginnt der Fachmann gegenüber dem Ventil. Mit Hilfe der Reifenheber kann man den Reifen rasch wieder auflegen. Aber auch hier ist Vorsicht geboten, damit das Werkzeug den Schlauch nicht verletzt. Vor dem vollständigen Aufpumpen sollte nochmals eine Kontrolle durchgeführt werden. Der Reifen darf den Schlauch nirgends einklemmen.

Recht schnell ist mit einem guten Flickzeug der Schaden behoben. Voraussetzung ist natürlich, daß man diese kleine Dose bei jeder Radwanderung mit sich führt. Regelmäßig sollte auch nachgesehen werden, ob der Gummikleber noch in Ordnung ist und eine ausreichende Sortierung von Gummiflicken parat ist.

5

1 Schadhafte Stelle lokalisieren
2 Gummi aufrauhen
3 Gummikleber auftragen
4 Gummiflicken aufdrücken
5 Schlauch aufziehen
6 Reifen aufziehen
7 Luft aufpumpen

6

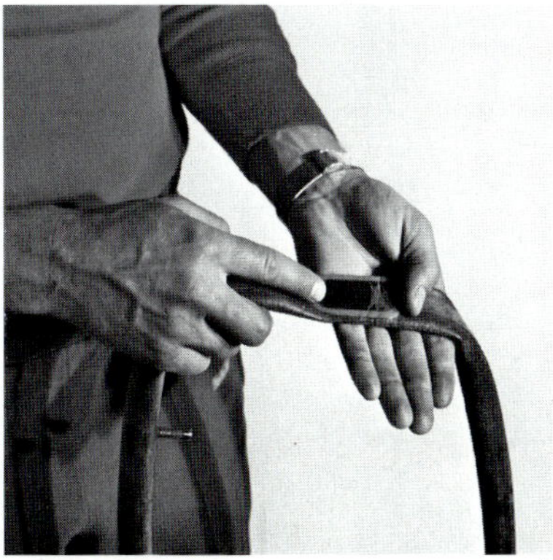

4

7

Die Beleuchtung funktioniert nicht

Einer der Hauptgründe für schwere, nächtliche Unfälle, ist keine oder mangelnde Beleuchtung an Fahrrädern. Ein Radfahrer ohne Licht kann von einem Autofahrer, der von einem entgegenkommenden Fahrzeug geblendet wird, nicht gesehen werden.
Nach der geltenden Straßenverkehrsordnung muß das Rad für nächtliche Fahrten so ausgerüstet sein:

1. Gelbe Rückstrahler an beiden Seiten der Pedale.
2. Eine rote Schlußleuchte, kombiniert mit einem roten Rückstrahler.
3. Ein nach vorne wirkender Scheinwerfer mit einer Einstellung, daß der Lichtkegel in 10 Meter Entfernung auf die Fahrbahn trifft.

Grundsätzlich ist immer der Sitz des Dynamos zu überprüfen. Schwere Unfälle können durch einen lockeren Dynamo entstehen, der in die Speichen gerät.

1. Als erstes sind die Birnen zu kontrollieren. Dazu ist eine Flachbatterie notwendig: Die Birnen hält man zwischen Plus- und Minuspol.
2. Funktioniert die Beleuchtung trotz intakter Birnen nicht, müssen beide Kabel vom Dynamo abgeklemmt und mit der Flachbatterie überprüft werden.
3. Brennt die Beleuchtung mit Hilfe der Batterie, liegt der Fehler im Dynamo.
4. Brennt das Licht auch mit Hilfe der Batterie nicht, kann ein defektes Kabel die Ursache sein. Die Kabel sind dann genau auf schadhafte Stellen zu untersuchen und gegebenenfalls auszutauschen.

Die kleine Radwanderung

Wer bisher nur kleine Bummelfahrten unternommen hat, wird bald Lust verspüren, die weitere Umgebung mit dem Fahrrad näher kennenzulernen. Das Touren- oder Sportrad mit den robusten Drahtreifen ermöglicht eine Streckenplanung, die auch gute Sand- und Waldwege mit einbezieht. Vom Fahrrad aus werden Dinge wahrgenommen, die man mit der Benzinkutsche einfach übersieht. Verwundert stellt so mancher Autofahrer fest, daß er bisher fast blind durch die Gegend gerast ist und herzlich wenig Eindrücke von seiner Umgebung wahrgenommen hat. Außerdem bestätigen die Ärzte dem Radwandern einen hohen gesundheitlichen Wert. Beim kräftigen Strampeln kommt der Kreislauf tüchtig in Schwung. Eine Rei-

he von Persönlichkeiten in Politik, Wirtschaft und Showgeschäft schwört auf die medizinischen Aspekte des Radwanderns.
Aus der kleinen Radwanderung soll keine komplizierte Sache gemacht werden.
Einige Ratschläge zu beherzigen, bringt aber vielleicht doch mehr Spaß:

1 Zweckmäßige Kleidung ist beim Radfahren wichtig, um Schäden oder Erkältungskrankheiten zu vermeiden. Denn nicht jeder ist abgehärtet wie ein Profi-Rennfahrer. Kurze Hose oder Rock sind nur bei sehr warmem Wetter zweckmäßig. Sonst sollte man eine Trainings- oder Bundhose tragen. Weite flatternde Hosen verdrecken sehr schnell und können am Kettenblatt hängenbleiben. Eine zerrissene Hose oder auch ein Sturz ist die Folge. Hemd und Unterhemd müssen lang genug sein, um die Rücken- und Nierenpartie auch beim Vorbeugen noch zu bedecken. Bei starker und intensiver Sonnenstrahlung ist eine Mütze anzuraten. Durch den kühlenden Fahrtwind unterschätzt man die Einwirkung der Sonne. Ein Sonnenstich kann die Folge sein.

2 Einige Minuten genügen, um vor der Wanderung das Fahrrad kurz zu überprüfen. Neuralgische Punkte sind Radbefestigungsschrauben, Beleuchtung, Reifenluftdruck.

3 Kein trainierter Sportler wird seine Trainingsleistungen von heute auf morgen um 100% oder 200% steigern. Umsoweniger sollten dies untrainierte Menschen tun. Muten Sie sich anfangs nicht zuviel zu, und denken Sie daran, daß ein langer Nachhauseweg bei Erschöpfung qualvoll werden kann. Das Pensum langsam zu steigern, ist richtig und gesund.

Die große Tour ist das Ziel vieler Radfahrer. Manche haben schon in der Jugend mit Freunden eine Rundreise gemacht. Doch was hindert Erwachsene daran, auch jetzt noch stunden- oder tageweise »Fahrradurlaub« zu machen. Eine längere Tour verlangt allerdings gewisse Vorbereitungen.

Die körperliche Vorbereitung

Der letzte Punkt im Kapitel Radwandern, die körperliche Leistungsfähigkeit, hat natürlich für die Tour eine noch größere Bedeutung. Untrainiert eine Tour oder gar eine mehrtägige Fahrt zu unternehmen, ist Unsinn. Ein Radtourist, der mit letzter Kraft zum geplanten Ziel strampelt, hat keine Augen für die Schönheit der Landschaft. Was Spaß machten sollte, wird zur Quälerei. Ganz zu schweigen vom Ärger, den man bei Gruppenfahrten mit einem völlig Untrainierten hat. Hier muß man sich selbst und seine Leistungsfähigkeit realistisch einschätzen. Bei mehrtägigen Touren ist besonders an das »Sitzfleisch« zu denken. Diese empfindliche Körperstelle muß sich an eine derartige Belastung allmählich gewöhnen.
Wie ist nun eine Verbesserung der Kondition zu erreichen?
Regelmäßiges Üben hat sich auch für den Tourenfahrer als unerläßlich gezeigt. Dabei ist es ratsamer, mehrmals wöchentlich eine kürzere Strecke zurückzulegen, als nur einmal sehr lang zu fahren. Drei bis viermal pro Woche eine Stunde radeln, bringt einen guten Effekt.
Alle, die völlig untrainiert beginnen, können sich am folgenden **Trainings-Aufbauprogramm** orientieren:

Trainings-Aufbauprogramm

1. Woche =
2 km, 3–4 mal in 8–9 Minuten

2. Woche =
4 km, 3–4 mal in 17–18 Minuten

3. Woche =
4 km, 3–4 mal in 16–17 Minuten

4. Woche =
6 km, 3–4 mal in 26–28 Minuten

5. Woche =
6 km, 3–4 mal in 24–26 Minuten

6. Woche =
10 km, 3–4 mal in 45–46 Minuten

7. Woche =
10 km, 3–4 mal in 43–44 Minuten

8. Woche =
12 km, 3–4 mal in 52–53 Minuten

9. Woche =
16 km, 3 mal in 1:10–1:12 Std.

10. Woche =
20 km, 2 mal in 1:30–1:31 Std.
10 km, 1–2 mal in 43–44 Minuten

Leistungsbewertung in Punkten

Punkte	Gruppe 1	Gruppe 2
1 Punkt	2 km 3:30 Min.	2 km 5 Min.
2 Punkte	4 km 7 Min.	4 km 10 Min.
3 Punkte	6 km 10:30 Min.	6 km 15–16 Min.
4 Punkte	8 km 14–15 Min.	8 km 21–22 Min.
5 Punkte	10 km 18:30–19 Min.	10 km 27–28 Min.
6 Punkte	12 km 23 Min.	12 km 33–34 Min.
7 Punkte	14 km 27 Min.	14 km 39–40 Min.
8 Punkte	16 km 31 Min.	16 km 45–46 Min.
9 Punkte	18 km 35–36 Min.	18 km 51–52 Min.
10 Punkte	20 km 39–40 Min.	20 km 57–58 Min.
	■ Männer bis 35 Jahre – sehr gut trainiert	■ Männer bis 40 Jahre – trainiert ■ Frauen bis 30 Jahre – sehr gut trainiert

11. Woche =
20 km, 2 mal in 1:27–1:29 Std.
10 km, 1–2 mal in 43–44 Minuten

12. Woche =
30 km, 2 mal in 1:40–1:42 Std.
10 km, 2 mal in 40–42 Minuten

Diese drei Monate systematischer Aufbauarbeit bringen eine gute körperliche Verfassung. Man sollte damit frühzeitig im Jahr anfangen, damit man zur Radl-Hochsaison fit ist.

Mit dieser Grundlage kann jeder beliebig weitermachen. Eine Orientierung bietet die folgende Punktetabelle. Wer auf eine größere oder mehrtägige Tour gehen will, sollte die Leistungsfähigkeit der »Gruppe 2« erreichen.

Folgende Doppelseite:
Eine originelle Begegnung von Fortbewegungsmitteln: Der sardinische Bauer mit seinem Maultier und die Radtouristin mit ihrer modernen Rennmaschine.

Gruppe 3	Gruppe 4	Punkte
2 km 7 Min.	2 km 8 Min.	1 Punkt
4 km 14 Min.	4 km 16–17 Min.	2 Punkte
6 km 21–22 Min.	6 km 25–26 Min.	3 Punkte
8 km 29–30 Min.	8 km 34–35 Min.	4 Punkte
10 km 37–38 Min.	10 km 43–44 Min.	5 Punkte
12 km 45–46 Min.	12 km 52–53 Min.	6 Punkte
14 km 53–54 Min.	14 km 1:01–1:02 Std.	7 Punkte
16 km 1:01–1:03 Std.	16 km 1:10–1:12 Std.	8 Punkte
18 km 1:10–1:12 Std.	18 km 1:20–1:21 Std.	9 Punkte
20 km 1:19–1:22 Std.	20 km 1:29–1:30 Std.	10 Punkte
■ Männer 40–50 Jahre – trainiert ■ Frauen bis 40 Jahre – trainiert ■ Kinder ab 12 Jahre – trainiert	■ Männer über 50 Jahre – trainiert ■ Frauen über 40 Jahre – trainiert	

CICLI

Der Zustand des Fahrrades

Will man keine unliebsamen Überraschungen erleben, ist das Rad vor der Tour zu überprüfen:

1. Kontrollieren Sie den Zustand der Reifen; Reifen, die abgefahren sind oder kleine Risse in der Oberfläche aufweisen (brüchig), sollten vor der Tour ausgetauscht werden.

2. Überprüfen Sie die Schlauchventile.

3. Stellen Sie die Bremsen unter Umständen nach. Vielleicht muß der Bremsgummi erneuert werden. Nicht vergessen, das Bremskabel auf Festigkeit zu untersuchen.

4. Ziehen Sie alle Schrauben nach und kontrollieren Sie die Speichen.

5. Probieren Sie die Beleuchtung aus, sie muß intakt sein.

6. Zum Standardwerkzeug ist bei längeren Touren eine Ergänzung notwendig: 2 Ersatzbremsgummi, Schlüssel zum Nachstellen des Tretlagers, einige Ersatzspeichen. Ganz Vorsichtige nehmen, je nach Kette, ein Ersatz-Kettenglied mit. Ersatzbirnen für die Beleuchtung und eine Taschenlampe ergänzen die Not-Ausrüstung.

Die Kleidung

Modische Überlegungen rangieren bei der Kleidungswahl an letzter Stelle. Zuerst muß sie praktisch und bequem sein. Denken Sie daran: Es gibt kein schlechtes Wetter, es sei denn, man ist falsch angezogen. Man muß sich genau nach Witterung anziehen. Dabei ist zu warme Kleidung genauso falsch wie zu kalte. Schweißsaugende Unterwäsche und ein guter Trainingsanzug sind ideal. Für lange Fahrten eignet sich am besten eine Fahrradhose, lang oder kurz, wie sie auch die Rennfahrer tragen. Auf der Sitzfläche ist ein weiches Leder eingenäht, das ein Wundreiben verhindert. (Näheres dazu im Kapitel »Radsport«.)

Die Tourenplanung

Für die Tourenplanung sind die Absichten und Vorlieben des Fahrers ausschlaggebend. Der eine fährt lieber genau nach »Marschplan«, der andere läßt sich von der Straße irgendwohin führen. Für die Meisten wird das Beste der goldene Mittelweg sein. Besonders der unerfahrene Radtourist ist mit einem Plan, der viele Möglichkeiten offen läßt, gut bedient.

1 Wählen Sie die ersten Tagesetappen kurz, um sich »einzufahren«. Nur wer sehr gut trainiert ist, kann sich nach einer zu langen ersten Etappe erholen. Für die anderen ist das Pulver damit schon verschossen. Die folgenden Tage werden dann zur Plagerei.

2 Eine Karte 1 : 100000, noch besser 1 : 50000 leistet – zusammen mit einem Wegstreckenmesser (siehe Abb. unten) – bei der Tourenplanung ausgezeichnete Dienste. Umständliches Messen der Kilometer entfällt mit diesem Hilfsmittel. Zusätzlich muß der Radfahrer aber auch ein guter Kartenleser sein. 30 Kilometer flache Strecke sind ein Kinderspiel; 30 Kilometer mit starken Steigungen können sich als Tagesetappe erweisen. Eine gute Karte hilft auch, »abgasfreie« Nebenstrecken zu finden. Mit dem Tourenrad sind dem Fahrer nichtasphaltierte, gute Wanderwege zugänglich. Jedoch selbst den versierten Kartenleser werden immer wieder Dinge überraschen, die auf der Karte noch nicht eingezeichnet sind.
Doch das macht so eine Tour erst reizvoll.

3 Witterungsumstände und Sehenswürdigkeiten bringen Verzögerungen im »Marschplan«. Das muß einkalkuliert werden. Eine andere Übernachtungsmöglichkeit ist immer ins Auge zu fassen.

So packt man Rucksack und Taschen

Wer alles einpackt, was scheinbar notwendig ist, wird selbst einen großen Rucksack zu klein finden. In einem solchen Fall muß gnadenlos aussortiert werden.

Alles wirklich Notwendige wird folgendermaßen verstaut:
Eine kleine Packtasche –
am Lenker befestigt – nimmt alle Gegenstände auf, die man schnell zur Hand haben will: Wanderkarte, Mütze, Sonnenbrille, Flickzeug, Fotoapparat, Sonnenschutzcreme, etwas Proviant.

In die Doppeltasche
am Hinterrad – links und rechts vom Gepäckträger – verstaut man folgende Ausrüstung: Kleidung, Regenmäntel, Werkzeugtasche, Nahrungsmittel, Ersatzteile, gegebenenfalls Zeltzubehör. (Für Bergsteiger gibt es superleichte, schnell aufzubauende Zelte, die auch für den Radtouristen sehr nützlich sind.) Wesentlich beim Packen der Doppeltaschen ist eine gleichmäßige Gewichtsverteilung. Einen Grundsatz sollten Sie sich merken: Weniger Gepäck bringt geringeren Kraftaufwand, größere Bequemlichkeit auf dem Rad und höheres Tempo.

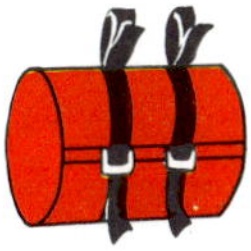

Satteltasche

Kleine
Lenkertasche

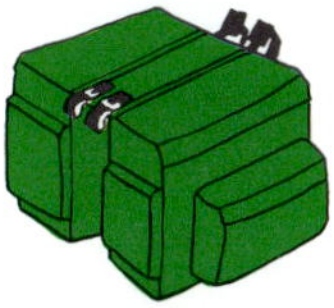

Große
Vorderradtasche

Hinterradtasche

Das vollgepackte Fahrrad

Der Radfahrer ist nicht allein auf der Straße

Es würde zu weit gehen, hier alle Verkehrsregeln aufzuführen. Dieses Buch kann das genaue Studium der Verkehrsvorschriften nicht ersetzen. Als Autofahrer kennen Sie sowieso alle Ge- und Verbote. Als Radfahrer ist man, vom Fußgänger abgesehen, der schwächste Verkehrsteilnehmer. Was bei der Kollision zweier Autos Blechschaden bedeutet, läuft bei einem Unfall mit dem Rad meist nicht so glimpflich ab. Es ist im Interesse Ihrer eigenen Sicherheit, daß Sie für die anderen Verkehrsteilnehmer »mitdenken«. Der Radfahrer »fährt« besser, wenn er sich seiner Lage bewußt wird und besonders bei Ortsdurchfahrten oder an anderen kritischen Stellen die Augen offenhält.
Die wichtigsten Verkehrszeichen für den Radfahrer:

(Mehr über das Verhalten auf der Straße lesen Sie im Kapitel »Radsport«).

Sonderweg für Radfahrer

Verbot für Radfahrer

Nur für Fußgänger. (Es gibt auch Schilder für gemeinsame Rad- und Fußwege)

Vorfahrt achten

Starkes Gefälle

Vorfahrtsstraße

Kreuzung oder Einmündung mit Vorfahrt von rechts

Zusatzschild für Verlauf der Vorfahrtsstraße

Doppelkurve

Dr. med. B. Grünewald

Der Sportarzt zum Thema Radfahren

Radfahren ist eine sehr ökonomische Art der Fortbewegung. Das Körpergewicht wird vom Sattel getragen, dadurch kann die Leistung der Beine, die wir sonst zur Aufrechterhaltung unseres Körpers benötigen, in Energie umgesetzt werden. Als Ausgleichssport für Übergewichtige ist es besonders geeignet: Das Körpergewicht lastet nicht auf den Beinen, sondern auf dem Sattel. Dadurch treten keine Schäden am Bewegungsapparat auf. Der Energieverbrauch der Radrennfahrer bei Geschwindigkeiten von über 40 km/Std. ist außerordentlich hoch, da ja große Muskelgruppen rhythmisch-dynamisch in Aktion treten und dabei gegen Widerstand arbeiten.

Aber auch bei den geringeren Geschwindigkeiten des Freizeitsportlers werden Herz, Kreislauf, Atmung und Stoffwechsel trainiert. Radfahren bringt außerdem Kraft in Bein- und Beckengürtelmuskulatur. Die hohen Sauerstoffaufnahmewerte, die bei Untersuchungen an Radrennfahrern festgestellt wurden, sprechen für diese Sportart als Ausgleichssport. Das Herz wird muskelkräftig und leistungsfähig.
Ein großer Vorteil des Radsports ist die gute Dosierbarkeit der Belastung. Wie bei jedem Training ist auch besonders bei Ausdauersportarten auf einen richtigen Aufbau des Trainings mit langsamer Steigerung Wert zu legen. Sonst ist die Gefahr des Übertrainings gegeben.
Andere Sportarten, wie Schwimmen, Gymnastik und Laufen sollten neben dem Radsport zur Lokkerung und allseitigen Durchbildung des Körpers gepflegt werden. Als Familiensport und zur Vorbeugung gegen Bewegungsmangelkrankheiten bis ins hohe Alter hat das Radfahren einen großen Wert.

Bei funktionsgerechter Kleidung und vernünftigem Fahrverhalten ist Radfahren ein Sport für jedes Alter.
Wie bei anderen Sportarten, sollte man sich jedoch vor übertriebenem Ehrgeiz hüten. Eine zu lange oder zu schwierige Strecke wird zur Tortur. Es können dabei sogar gesundheitliche Schäden entstehen.

Radsport

In der Beliebtheitsskala aller Radtypen steigt die »Rennmaschine« immer höher. Der Trend geht eindeutig zur sportlichen Ausführung des Stahlrosses. Dabei wird hierzulande nur nachgeholt, was in den großen Radsportländern – Belgien, Frankreich, Holland, Italien, schon Tradition ist. Dort sind die »Giganten der Straße« Idole für jung und alt. Bei uns mögen verschiedene Aspekte den ungeahnten Aufschwung herbeigeführt haben: Ausdauersportarten erfreuen sich zunehmender Beliebtheit, ganz gleich ob es sich um Laufen, Skilanglauf oder Radfahren handelt. Und zweifellos profitiert eine Sportart von der anderen. Die Leistungen unserer Amateur- und Profiradfahrer in den letzten Jahren, spielen dabei auch eine große Rolle. Von den berühmten Fahrern sind schon immer Impulse ausgegangen, die den Radsport beflügelten. Die klassischen Rennen und Etappenfahrten – Tour de France, Giro d'Italia, Mailand-San Remo, Paris-Roubaix, Flèche Wallone, um nur einige zu nennen – zeigen die gnadenlose Härte des Profi-Radsports. Diese schier unvorstellbaren, menschlichen Leistungen der Rad-Profis, haben es auch verdient, einen besonderen Platz in der Geschichte des Sport zu erhalten. Unvergessen sind deshalb auch Namen von Fahrern, deren Leistungen Jahrzehnte zurückliegen: Alfredo Binda, Gino Bartali, Fausto Coppi aus Italien; der Franzose Lousion Bobet; die Belgier Rik van Looy und Rik van Steenbergen; der Luxemburger Charly Gaul; die Schweizer Hugo Koblet und Ferdi Kübler. In jüngster Zeit sorgte eine neue Fahrergilde für Schlagzeilen: die Franzosen Jacques Anquetil, Raymond Poulidor, Bernhard Thevenet und Bernhard Hinault; der Spanier Federico Bahamontes; die Belgier Eddy Merckx, Roger Devlaemink, Freddy Maertens, Lucien van Impe; die Italiener Felice Gimondi, Francesco Moser und die deutschen Fahrer der Nachkriegszeit Rudi Altig, Hennes Junkermann, Rolf Wolfshohl, Dietrich Thurau, Klaus-Peter Thaler, Gregor Braun . . .
Allein die Geschichte dieser Sportler würde ein Buch füllen. Ein kleiner Einblick in die Radsportgeschichte genügt oft, um zu spüren, welche Faszination vom Radsport ausgeht und sich auf die Amateursportler überträgt.

Eddy Merckx, der erfolgreichste Radrennfahrer aller Zeiten. Die Liste seiner Erfolge ist unerreichbar. Dieser Supersportler war sieben Jahre lang der erfolgreichste Fahrer der Saison (1968–1975). Hier nur einige seiner Erfolge: 3 × Straßenweltmeister der Profis, 5 × Gewinner der Tour de France, 5 × Gewinner des Giro d'Italia .

Rennsattel
Schmale, leichte Schlauchreifen
10 Gang-Schaltung

Die Rennmaschine

Die Rennmaschine

Die Rennräder von heute stellen technische Meisterleistungen dar, die ihren Preis haben. Er schwankt zwischen 500 DM und 5000 DM (in Worten Fünftausend). Der letztgenannte Preis ist für Fahrrad-Snobs, denen es mehr um Bewunderung, als um sportliche Leistung geht. Preissteigerungen mit einkalkuliert, sind für ein gutes Modell 1000 bis 2000 DM anzulegen.
Räder dieser Preiskategorie werden auch sportlichen Ambitionen gerecht. Der Rad-Fan sollte nicht vergessen, daß sehr leichte Konstruktionen natürlich empfindlich sind. Wer soviel Geld anlegt, möchte auch lange, ungetrübte Freude an seinem Sportgerät haben und sollte deshalb sorgsam damit umgehen.

Das gehört zum Rennrad

- Rahmen
- Gabel
- Tretlager, Kettenräder, Kurbeln
- Pedale, Rennhaken, Riemen
- Steuersatz – Lenker mit Vorbau
- Schaltung
- Kette
- Zahnkranz
- Bremsen und Bremsgriffe
- Laufräder – Felgen, Naben, Speichen, Reifen
- Sattelstütze
- Sattel
- Luftpumpe, Flaschenhalter

Rahmen und Gabel

Der Rahmen besteht aus einzelnen Rohrteilen, die durch sogenannte »Muffen« miteinander verbunden sind. Diese, in einem Stück gezogenen Stahlrohre sind unterschiedlich stark und laufen für das Auge nicht sichtbar, meist konisch zu (z. B. 0,6/0,9 oder 0,6/0,8). Dieses wesentliche Teil des Rennrades wird in den verschiedenen Herstellungsländern mit unterschiedlichen Winkelabmessungen gebaut.

Ein Rahmen besteht aus:

- Horizontalrohr oder Oberrohr
- Sattelrohr oder Sitzrohr
- Schrägrohr oder Unterrohr
- Steuerrohr
- Tretlagergehäuse
- Hinterbau
- Gabel
- Ausfallenden (sie nehmen das Vorder- und Hinterrad auf)

Tretlager, Kettenräder, Kurbeln

Das Tretlager der Rennmaschinen besteht aus Leichtmetall. Moderne Materialien (Titan) sind zwar extrem leicht, aber entsprechend teuer. Die zwei Kettenräder weisen normal eine Zahnzahl zwischen 40 und 54 auf (siehe Übersetzung S. 74). Die rechte Kurbel hat 5 Arme, diese werden mit den Ketten-

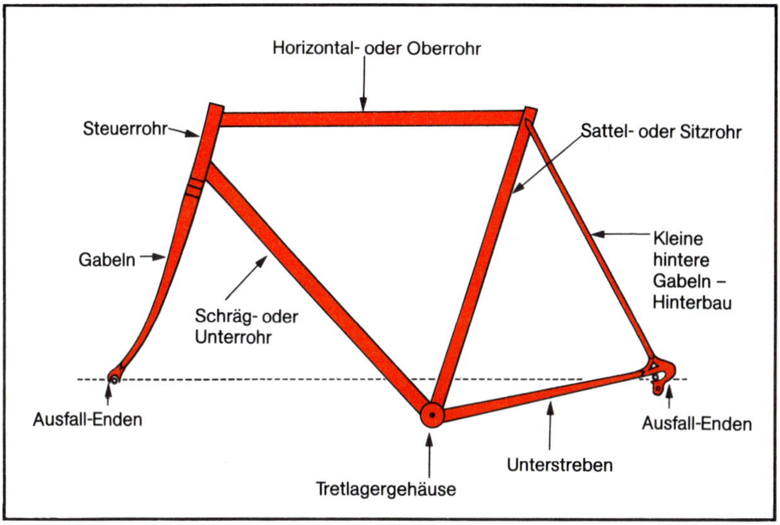

rädern verschraubt. Kurbeln gibt es in verschiedenen Längen (siehe »Ein Rad nach Maß« S. 65).

Pedale, Rennhaken

Der Nichtfachmann wird ein Straßen-Rennrad meist zuerst am fehlenden Schutzblech und den Rennhaken erkennen.
Die Pedale – aus Duraluminium – müssen so breit sein, daß die Schuhe in ihrer ganzen Breite Platz finden (wichtig für Fahrer mit sehr großen Füßen).
Die Rennhaken gibt es in unterschiedlichen Größen – je nach Schuhnummer (siehe »Ein Rad nach Maß«). Ein Sicherheitsverschluß am Ende der Rennriemen ermöglicht das leichte Festziehen oder Lösen. Manche Fahrer umwickeln das Ende des Riemens mit Lenkerband. Dadurch läßt sich der Spannriemen leichter greifen.

Sicherheitspedale

Die sogenannten Sicherheitspedale haben sich gegen die herkömmlichen Ausführungen durchgesetzt. Ähnlich wie beim Skilanglauf (Schuh/Bindungskombinationen) gibt es Schuh/Pedalkombinationen.
Das Schuh- und Pedalfabrikat muß aufeinander abgestimmt sein. Der Schuh rastet in eine Arretierung auf dem Pedal ein und wird durch eine Fußdrehung wieder gelöst.

Bügelformen

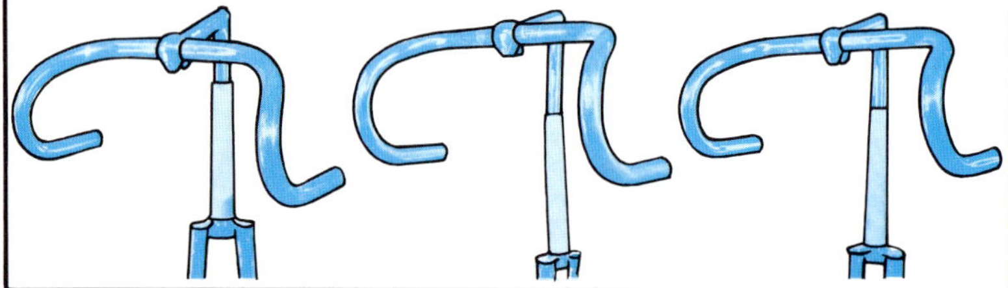

Steuersatz

Am oberen Ende des Steuerrohres sitzt der Steuersatz, der den Vorbau mit dem Lenker aufnimmt.

Lenker mit Vorbau

Vorbau und Lenker – auch aus Leichtmetall gefertigt – sind in verschiedenen Abmessungen zu haben, die dem Körperbau des Fahrers anzupassen sind. (Siehe »Ein Rad nach Maß.«) Fachleute unterscheiden verschiedene Rennbügel.

Der sog. runde Bügel
Er wurde vom Franzosen Pelissier vor dem Krieg entwickelt und u. a. von Anquetil, Poulidor und Pigneon übernommen. Dieser Typ ist besonders für ausdauernde Fahrer und Bergfahrer geeignet. Längere Fahrten mit den Händen auf dem Bügel sind durch die starke Biegung etwas unbequem. Wenn man die Hände unten hat, ergibt sich dagegen eine aerodynamisch günstige Haltung.

Der sog. eckige Bügel
Eddy Merckx und Felice Gimondi haben diesen Lenkertyp benutzt. Er gestaltet eine bequeme Handhaltung oben und eine aerodynamische Körperhaltung unten auf dem Lenker. Große Fahrer und Sprinter verwenden gerne diesen Bügel.

Der sog. sechseckige Bügel
Die Italiener haben den zuerst von Franzosen und Belgiern benutzten Bügel verändert und runder gemacht. Dieses Modell erlaubt eine sehr entspannte Haltung beim Griff über den Bremsen.
Um dem Fahrer einen sicheren Griff am Lenker zu ermöglichen,

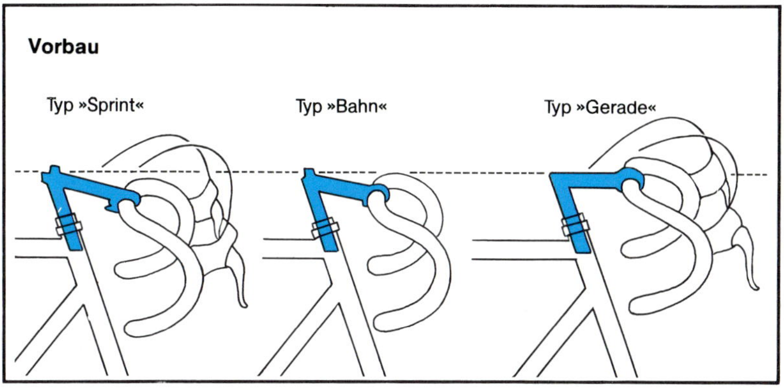

wird der Bügel mit Lenkerband umwickelt. Damit bei einem Sturz gefährliche Verletzungen vermieden werden, sind außerdem die Bügelenden mit Gummistöpsel zu schließen.

Der Vorbau eines Rennsportrades.

Der Vorbau

Der sog. »Vorbau«, stellt zusammen mit der »Innenklemme«, eine Verbindung zwischen Bügel und Rahmen her. Das Rohr des Vorbaus besteht aus Aluminium und weist horizontal eine Länge zwischen 6 und 14 cm auf. (siehe »Ein Rad nach Maß«, S. 68).
Nicht nur die Länge kann unterschiedlich sein, auch der Neigungswinkel. Der Typ **Sprint** ist sehr stark nach unten geneigt und bleibt allein den Sprintern vorbehalten.
Der Typ **Bahnrennen** ist nur leicht nach unten geneigt.
Der Typ »**Gerade**« wird von allen anderen Fahrern verwendet und ist somit auch für den Freizeitsportler richtig.

Schaltung, Zahnkranz, Kette

Die Schaltung besteht aus den Schalthebeln, den Schaltkabeln, der Kettenradschaltung (Kettenwerfer) und der Schaltung für den hinteren Zahnkranz. Eine Rennmaschine hat meist 10 Gänge; (2 Kettenräder, 5 Zahnkränze) in Ausnahmefällen 12 Gänge (2 Kettenräder, 6 Zahnkränze) oder 18 Gänge (3 Kettenräder, 6 Zahnkränze).
Für den Normalfahrer ist eine 10-Gangschaltung völlig ausreichend. Sie bietet viele Möglichkeiten der Übersetzung für alle Gegebenheiten. (Weiteres siehe S. 72).
Die Ketten der Straßenmaschinen ($^1/_2$″ × $^3/_{22}$″, ″ = Abkürzung für Zoll) sind genietet. Die Kettenlänge wird durch das Auflegen der Kette auf den größten Zahnkranz vorne und hinten überprüft (beim Fahren ist diese Stellung ungünstig S. 106).
In dieser Position muß die Kette zwar straff aufliegen, darf jedoch nicht extrem gespannt sein.
Bei längerer Beanspruchung und häufigen Bergfahrten dehnt sich die Kette. Man kann das einfach überprüfen: Läßt sich die Kette am Kettenrand mehr als 2 mm nach vorne abziehen, ist eine Erneuerung fällig.
Es lohnt sich, die Kette regelmäßig auszutauschen; sie ist größerem Verschleiß unterworfen als ein Zahnkranz.

1

2

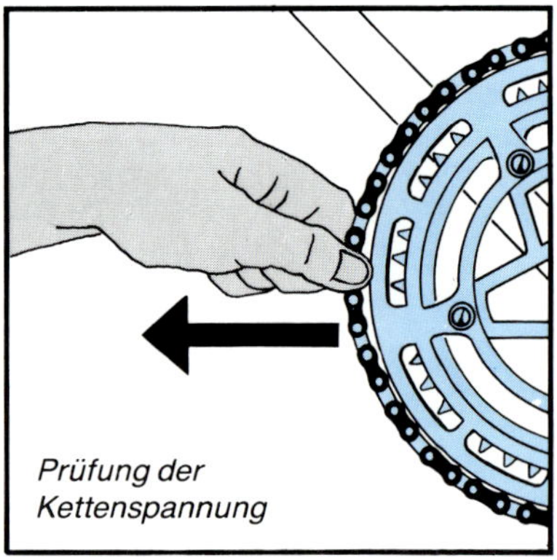
Prüfung der Kettenspannung

3

5

4

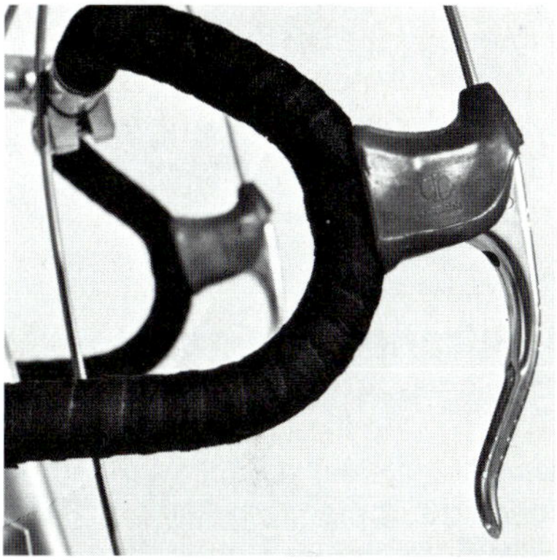
6

Aus vielen, äußerst präzis gearbeiteten Einzelheiten besteht die Rennmaschine:

1 Extraleichte Laufräder und Reifen
2 Tretlager und Kettenräder aus Leichtmetall
3/4 Zehn- oder Zwölfgangschaltung
5 Felgenbremsen, meistens Seitenzugbremsen
6 Rennlenker mit teilweise verkleidetem Bremsgriff
7 Sattelstütze und Spezial-Rennsattel

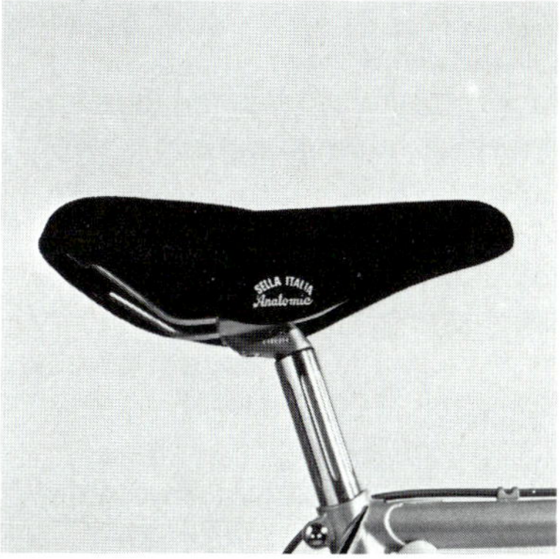

7

Bremsen und Bremsgriffe

Man unterscheidet zwei Bremsentypen, die im Rennsport verwendet werden:

- Felgenbremsen mit Mittelzug
- Felgenbremsen mit Seitenzug

Der Trend geht zur Seitenzugbremse. Auf gut funktionierende Bremsen und intakte Bremsklötze ist besonderes Augenmerk zu richten. Eine defekte Bremse kann zu schwersten Unfällen führen.
Neue Modelle besitzen ein Schnellentspannsystem. Dieser Mechanismus ermöglicht ein Öffnen der Bremsbacken zum Auswechseln des Rades.

Laufräder – Felgen, Speichen, Naben, Reifen

Unter Laufräder versteht der Fachmann die kompletten Räder: Felgen, Speichen, Naben, Reifen.

Felgen/Speichen

Als Freizeitsportler sollte man Wert auf einen guten Kompromiß zwischen dem geringen Gewicht der Felge und seiner Stabilität legen. Ein guter Mittelwert liegt zwischen 300 g und 400 g pro Felge. Die normale Felge hat »36 Loch« – also 36 Speichen. Es gibt auch Felgen mit 32, 28 oder 24 Speichen. Diese weisen natürlich nicht die Stabilität einer »36er« Felge auf. Der Grund für die geringen Speichenzahlen ist nicht allein das verminderte Gewicht durch Speicheneinsparung. Vielmehr haben Messungen einen erheblich geringeren Luftwiderstand ergeben. Auch das Körpergewicht spielt eine große Rolle. Schwere Fahrer benötigen ein stabileres Laufrad. Diese Punkte sind vor dem Kauf sorgfältig abzuwägen. Denn: Schlechter Straßenbelag oder eine technisch nicht saubere Fahrweise, führen bei einem Laufrad mit weniger als 36 Speichen sehr schnell zum bekannten »Achter«. Zentrieren des Rades durch Anziehen oder Nachlassen der Speichennippel ist dann notwendig.
Der Grundsatz sollte, trotz aller Verlockungen durch geringes Gewicht, heißen:

Die richtige Felge für den richtigen Zweck und Fahrer.

Für Freizeitsportler sollten 32 Speichen die unterste Grenze sein.

Naben

Man unterscheidet zwischen Hochflansch- und Niederflanschnaben. Als Flansch bezeichnet man den Rand der Nabe. Er nimmt die Speichen auf. Je nach Typ der

Radsport ist nicht nur ein Sport für die Jugend. Bis ins hohe Alter kann man eine hohe Leistungsfähigkeit erhalten.

Nabe, werden verschieden lange Speichen verwendet. Für Felgen, die weniger als 32 Löcher aufweisen, sind Hochflanschnaben notwendig. Sie geben dem Rad mehr Festigkeit. Der Fachmann beachtet bei der Montage, daß normalerweise eine Speiche die nächsten drei überkreuzt. Bei Rennfahrern überkreuzt eine Speiche die nächsten vier. Damit sich bei einem Bruch die Speiche nirgends verklemmen kann, verbinden Spezialisten die Kreuzungspunkte mit – eigens dafür vorgesehenen – kleinen Metallklammern oder einem Bindfaden. Daß es von jeder Regel Ausnahmen gibt, hat der ehemalige dänische Stundenweltrekordler »Ole Ritter« gezeigt: Im November 1974 bevorzugte er in Mexiko eine kreuzungsfreie Montage seiner Speichen!
Die Naben besitzen außerdem eine sog. »Schnellspannvorrichtung«. Die Räder werden nur durch das Andrücken oder Aufklappen eines Hebels an den Ausfall-Enden befestigt, beziehungsweise gelöst.

Reifen
Im Straßenrennsport verwendet man Schlauchreifen. Schlauch und Reifen sind aus einem Stück. Das Gewicht spielt bei den sich bewegenden Teilen des Rades die größte Rolle. Der Trend heißt: Noch leichter und damit schneller. Beim Schlauchreifen ist es jedoch das gleiche wie bei der Felge: Geringes Gewicht und Stabilität wirken einander entgegen. Man muß also Kompromisse machen.
Es gibt Schläuche aus Baumwolle und Seide. Der letztgenannte kommt eigentlich nur für Bahnrennen und besonders gute Straßen im Renneinsatz in Frage. Der vernünftige Mittelweg lautet: Ein Reifen für den sportlichen Fahrer sollte unter 300 g, allerdings nicht weniger als 250 g wiegen. Die superleichten Reifen sind auch entsprechend höher im Preis. Um die Lebensdauer des Reifens zu erhöhen, hier ein Tip: länger gelagerte, trockene Schlauchreifen halten wesentlich mehr aus, als »frische« (frisch sind alle Reifen, die soeben aus der Produktion kommen und beim Fahrradhändler verkauft werden). Die Kilometerleistung ist besser und Fremdkörper dringen nicht so leicht ein. Mindestens einen Satz Reifen sollte man deshalb in Reserve haben und diese in einem kühlen, dunklen und trockenen Raum lagern. Ein Heizungskeller ist dafür nicht geeignet. Zur Lagerung montiert der Fachmann die Reifen auf alte Felgen. Bei ihrem Fahrradhändler können Sie ausrangierte, entspeichte Felgen bekommen. Von Zeit zu Zeit ist leichtes Aufpumpen notwendig, damit der Schlauchreifen seine Form behält.

Sattelstütze, Sattel

Die Sattelstütze kommt in das Satteltrohr und wird dort nach Einstellung der genauen Höhe befestigt. Sie soll den Sattel aufnehmen. Die herkömmliche Sattelstütze mit einer verzahnten Sattelaufnahme, erlaubt selten eine genaue, horizontale Einstellung des Sattels. Bei einem Zahn zeigt die Sattelspitze nach oben, beim nächsten nach unten. Moderne Sattelstützen gestatten eine exakte Justierung (siehe »Ein Rad nach Maß«). Beim Rennsattel sollte auch der sparsame Fahrer etwas tiefer in die Tasche greifen.
Da der reine Ledersattel relativ hart ist und nach Regen besonderer Pflege bedarf, setzen sich Kunststoffsättel mehr und mehr durch. Die Kunststoffgrundform wird meist leicht mit Schaumstoff gepolstert. Ein Überzug aus Glattleder, Wildleder oder Büffelleder bedeckt die Sattelschale.
Einige Hinweise: Glattleder ist preiswert, aber rutschig; Wildleder ergibt guten Sitzkomfort, nützt sich jedoch schneller ab als Büffelleder. Beim Sattel kann man in der Regel davon ausgehen, daß das teuere Modell auch qualitativ gut ist.

Luftpumpe, Flaschenhalter, Reservereifen

Luftpumpe, Flaschenhalter und Trinkflasche ergänzen die Ausrüstung.
Unter dem Sattel oder im Flaschenhalter nimmt der Radsportler außerdem einen Reservereifen mit. Zusammengelegt hat dieser in einer Stofftasche, beziehungsweise einem Lederetui Platz. Damit der Gummi nicht brüchig wird, ist dieser zusammengelegte Reifen regelmäßig aus der Tasche zu nehmen und aufzupumpen.

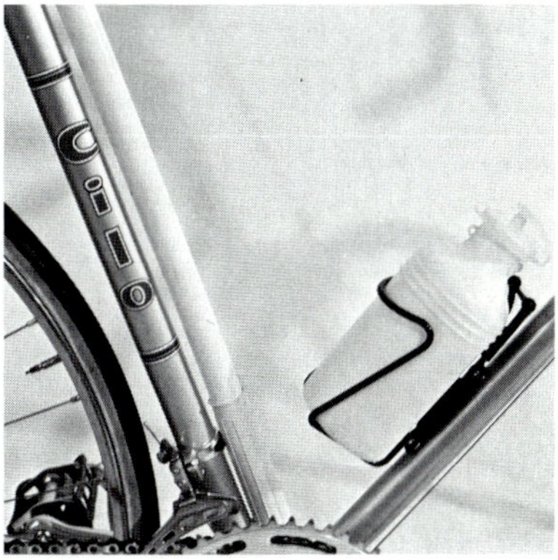

Luftpumpe und Flasche werden meist am Sattel- bzw. Unterrohr befestigt.

Ein Rennrahmen wird nach genauen Vorgaben gelötet. Die Arbeit verlangt, wenn sie erfolgreich sein soll, äußerste Genauigkeit und Präzision.

Die Endmontage des Rahmens. Der Monteur muß ein geschickter, guter Handwerker sein. Gute Rahmenbauer sind gesuchte Spezialisten.

Automatisch und mit elektrostatischer Aufladung – wie in der modernen Automobilfertigung – werden die Rahmen gespritzt. Diese Art der Lackierung sorgt für gleichmäßigen, dauerhaften Farbauftrag.

So entsteht eine Rennmaschine

Das Einspeichen und Zentrieren der Laufräder, verlangt auch den guten Fachmann. Mit viel Erfahrung und größter Genauigkeit, sorgt er für den sauberen, geraden Lauf der Räder.

Die Montage der vielen Einzelteile ist der nächste Schritt bei der Entstehung einer Rennmaschine. Ein Teil der Rennräder wird allerdings nicht beim Hersteller fertigmontiert, sondern der Fachhändler stellt die Einzelteile genau nach den Wünschen des Käufers zusammen.

Im Werk wird nach der Montage eine genaue Qualitäts- und Funktionskontrolle vorgenommen. Sie soll dem künftigen Radsportler die Gewähr geben, daß kein Montagefehler die Sicherheit auf dem Rad gefährdet.

PEUGEO

Ein Rad nach Maß

Man kann viel Geld ausgeben und doch kein optimales Sportgerät bekommen. Ein Sportler kann erhebliche Summen in eine Straßenrennmaschine investieren, ohne sicher zu sein, daß sie auch seiner Körpergröße angemessen ist. Gerade beim Rennrad kommt es auf genaue Anpassung an. Dabei braucht beileibe nicht jeder einen Rahmen mit Maßanfertigung. Für normal gebaute, das heißt, innerhalb des Durchschnitts liegende Personen, ist ein reichhaltiges »Konfektionsangebot« von Rahmen vorhanden. In den allermeisten Fällen kommt der Freizeitsportler damit auch zurecht. (Es gibt Fahrradhersteller, die zumindest in der Werbung verkünden, daß ihre Stars ganz normale Serienräder benutzen.)
Auf welche Punkte ist beim Rad nach Maß besonders zu achten?

- Rahmenabmessungen
- Tretkurbellänge
- Sattelhöhe, Vorbauhöhe zum Sattel, Sattel weiter nach vorne oder nach hinten
- Rennbügel – breit oder schmal
- Die Stellung des Fußes auf dem Pedal
- Die Übersetzung

Gregor Braun und Dietrich Thurau scheinen mit der Rennmaschine fast verwachsen. Genaueste Abstimmung auf die Körpermaße ist Voraussetzung für eine gute Leistung.

Der richtige Rahmen
Normalerweise gibt es für Sportgeräte in anderen Disziplinen (z. B. Ski) allgemeingültige Angaben, die von kleinen Abweichungen abgesehen, für alle Hersteller und Händler Gültigkeit haben. Anders beim Rennrahmenbau. Als sorgsam gehütetes Geheimnis, werden die Abmessungen von wenigen Produzenten preisgegeben. Ein Spiel mit offenen Karten würde dem Radsportler zugute kommen.

Die wichtigen Abmessungen des Rennrahmens sind:

- Die Rahmenhöhe und
- die Oberrohrlänge

Bei Serienrädern sind – wie bereits vorher erwähnt – Rahmenhöhe und Oberrohrlänge aufeinander abgestimmt. Wenn man sich einen zu hohen Rahmen kauft, ist er fast immer auch zu lang.
Nur Berufsrennfahrer mit außergewöhnlichen Körpermaßen fahren spezielle Rahmen. Selbst wenn Sie einen Rahmen gebraucht billig bekommen sollten, kaufen Sie nicht unbedingt den Rahmen eines Spezialisten, z. B. den eines Sprinters oder Bergrennfahrers.

Die richtigen Rahmenabmessungen sorgen für eine gute »Sitzposition« und ein ausgewogenes Gleichgewichtsgefühl. Ausschlaggebend sind die Abmessungen der einzelnen Körperteile: Länge der Beine, Armlänge, Oberkörperlän-

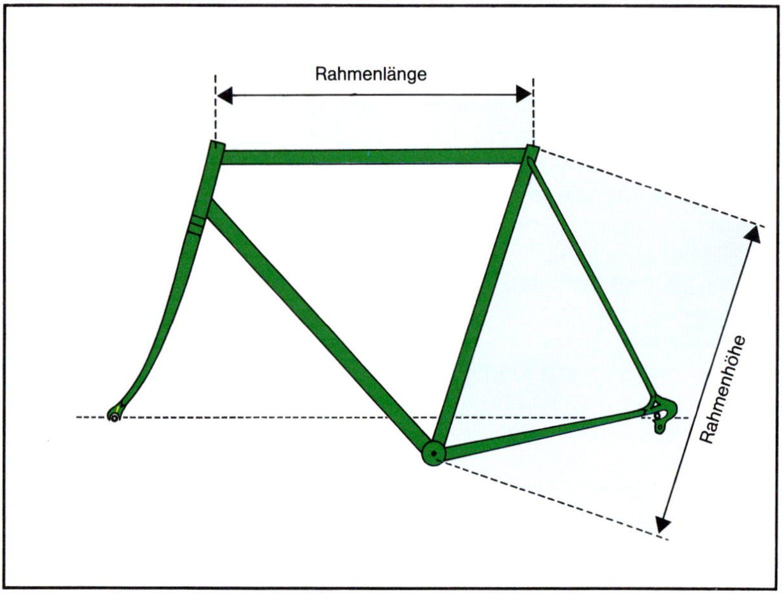

ge. Der Schweizer Fahrradhersteller »Cilo« hat uns dankenswerterweise als einziger eine von ihm entwickelte Tabelle zur Verfügung gestellt. Danach ist leicht eine genaue, individuelle Rahmenabmessung abzulesen.

Rechts: Etwas übertrieben scheinen diese beiden Gegenüberstellungen von richtiger und falscher Sitzposition. Sie entsprechen der Wirklichkeit und wurden genau nach Röntgenbildern gezeichnet. Die normale Haltung zeigt eine entspannte Wirbelsäule. Der falsche, zu kurze Rahmen kann, wie die Zeichnung deutlich zeigt, langfristig zu Wirbelsäulenschäden führen.

Normale Sitzposition

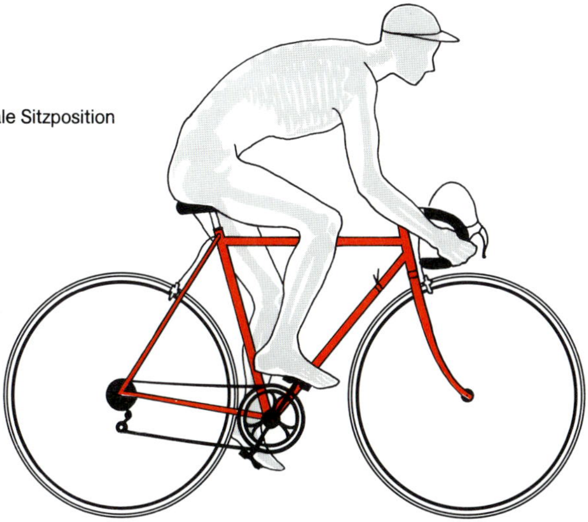

Schlechte Sitzposition

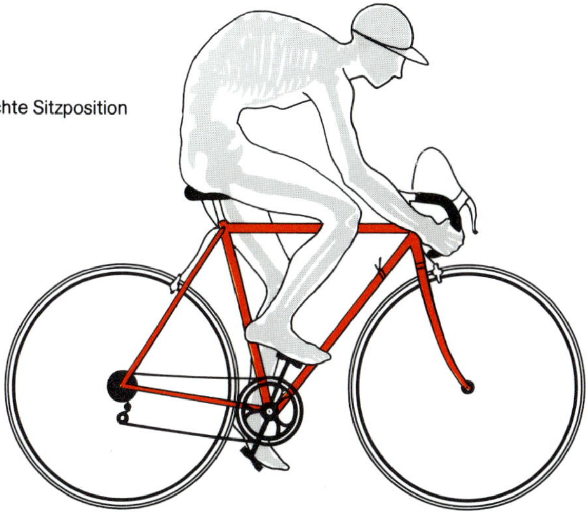

Rahmenhöhe

Ohne Schuhe wird die Beinlänge gemessen – vom Boden bis zum deutlich fühlbaren Ende des Oberschenkelknochens. Nach diesem Maß (A) ist aus der Tabelle die Rahmenhöhe zu entnehmen. Übrigens: Heute werden Rahmen durchwegs etwas niedriger ausgemessen, als vor einigen Jahren. Die Praxis hat bewiesen, daß damit das Gleichgewichtsgefühl und die Kraftübertragung etwas besser ist.

Rahmenlänge

Die Summe der Abmessungen: Oberschenkelknochen/Schulterhöhe plus Handgelenk/Schulterhöhe (B+C), ergibt den Faktor zum Ermitteln der **Rahmenlänge.**

Achtung: Normalerweise wird die Rahmenhöhe von Tretlagermitte bis zur Oberkante des Sitzrohres gemessen. Es gibt jedoch Hersteller, die von Tretlagermitte zur Oberrohrmitte messen – bei Angaben in Prospekten oder Bestellunterlagen sollten Sie sich vorher beim Händler erkundigen.

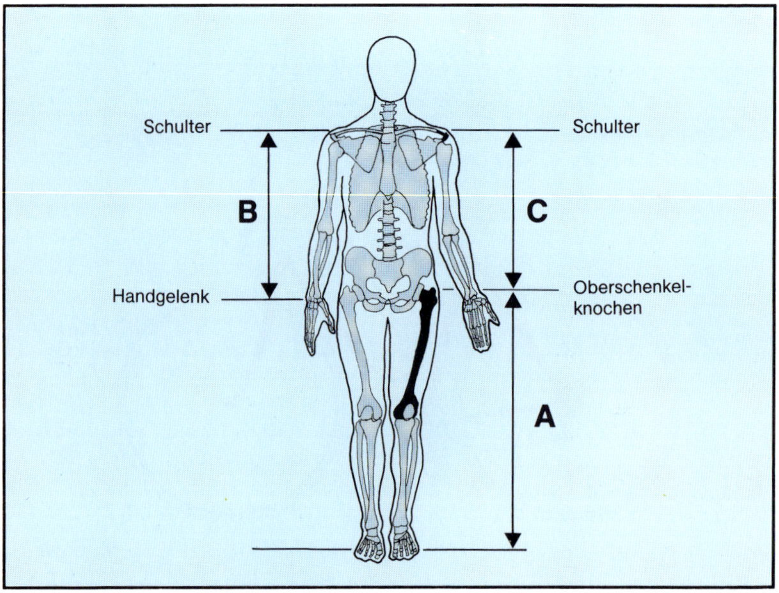

A

Beinlänge cm	Rahmenhöhe cm
80	51
81	51,7
82	52,4
83	53,1
84	53,7
85	54,3
86	54,9
87	55,5
88	56,1
89	56,7
90	57,5
91	57,9
92	58,5
93	59
94	59,5
95	60
96	60,5
97	60,9
98	61,3
99	61,7
100	62,1

Quelle: Etablissements »Cilo« S. A. Fahrradwerke Romanel/Schweiz.

B + C

Rumpf- und Armlänge cm	Rahmenlänge cm
100	53
101	53,4
102	53,8
103	54,1
104	54,4
105	54,7
106	55
107	55,3
108	55,6
109	55,9
110	56,2
111	56,5
112	56,8
113	57,1
114	57,4
115	57,5
116	58
117	58,3
118	58,6
119	58,8
120	59
121	59,2
122	59,4
123	59,6
124	59,8
125	60

Tretkurbellänge

Der Fahrer setzt durch Muskelkraft – über die Tretkurbel – das Rad in Bewegung. Die Länge der Tretkurbel ist für die Hebelwirkung ganz entscheidend. Glücklicherweise gibt es hier keine allzu großen Unterschiede.

Normalerweise wird eine Tretkurbellänge von 170 mm benutzt – gemessen von Tretlagermitte bis Pedalachsenmitte. Ausnahmen machen Fahrer mit extrem langen bis extrem kurzen Beinen. Hier schwanken die Maße von 165 mm bis 175 mm; also 1 cm trennt die kürzeste von der längsten Kurbel.

Ford
FORD
FRANCE
Ford

Die Regel, daß die Kurbel ca. $^{1}/_{10}$ der Körpergröße haben soll, dürfte wohl überholt sein. Große Fahrer kämen nach dieser Berechnung auf abenteuerliche Kurbellängen.
Die richtige Tretkurbellänge ist ein Kompromiß zwischen Hebelwirkung, dem zurückgelegten Weg pro Umdrehung und den eigenen Hebelverhältnissen (die Länge des Oberschenkelknochens ist wichtig).

Folgende Tips könnten für Sie nützlich sein:

- Kleine Fahrer, die einen Rahmen von 50–55 cm benutzen, werden eine Kurbellänge von 165 mm wählen.

- Fahrer mit mittlerer Größe – Rahmenhöhe 56–59 cm – brauchen eine Tretkurbellänge von 170 mm.

- Große Sportler mit Rahmen von 60/61 cm sollten 170 mm bis 175 mm wählen.

Der Franzose Jacques Anquetil gehört mit seinen 5 Siegen bei der »Tour de France« zu den ganz Großen des Radsports. Zu seinen Erfolgen gehören auch zwei Siege beim »Giro d'Italia«.

Sattelposition

Recht einfach ist die Sattelhöhe einzustellen. Der Fahrer setzt sich gerade auf den Sattel und stützt sich mit einer Hand an einer Mauer (Zaun) ab. Nun wird die Ferse des Fußes (mit Fahrradschuhen) auf das Pedal gesetzt. In der tiefsten Stellung des Pedals soll das Bein fast ganz durchgestreckt sein. Damit ist die Sattelhöhe richtig eingestellt (beim Treten liegt der Fußballen auf dem Pedal, dadurch wird der Abstand kürzer). Um zu kontrollieren, ob sich die Sattelhöhe durch zu leicht angezogene Schrauben nicht von selbst verändert, klebt man einfach auf den untersten Teil der Sattelstütze einen Streifen Lenkerband. Übrigens: Ein zu niedriger Sattel kann Schmerzen in der Schenkelmuskulatur oberhalb des Knies verursachen. Bei einem zu hohen Sattel können Beschwerden im oberen Teil der Waden und Schmerzen zwischen den Beinen auftreten. Experten meinen: Der Sattel ist dann richtig eingestellt, wenn Sie bergab sehr schnell radeln können, ohne aus dem Sattel zu hüpfen und beim Bergauffahren nicht das Gefühl haben, aufstehen zu müssen.

Sattel weiter nach vorne oder hinten?

Wesentlich für die Sitzposition ist auch die Stellung des Sattels im Verhältnis zum Lenker und zum Tretlager. Der Sattel kann ja auch vor oder zurückgestellt werden. Als Faustregel lassen sich folgende Werte verwenden: Die Maße Oberkante Sattel/Tretlagerachse und Sattelspitze/unterer Lenkerbogen sind meist identisch.

Ein weiterer Hinweis: Bei waagrechter Stellung der Pedale wird ein Lot an die Kniespitze gehalten. Das Lot soll auf die Mitte der Pedalachse treffen. Die oft auch angegebene Meßform – bei ausgestreckter Hand und Anlegen des Ellenbogens an die Sattelspitze, müssen die Fingerspitzen 2 cm vom Bügel entfernt sein – ist zu ungenau, da die einzelnen Sattelfabrikate unterschiedlich lang sind.

Die genaue Einstellung der Sattelhöhe ist nicht schwierig, aber sehr wichtig (siehe Text S. 65).

Vorbauhöhe und Sattelhöhe

Auch für dieses Maß gibt es eine Richtlinie: Die Oberkante des Sattels sollte höchstens 3 cm über dem Vorbau liegen. Einige Fahrer stellen bei Trainingsbeginn im Frühjahr auch Sattel und Vorbau auf eine Höhe. Erst mit zunehmender Trainingsform und der Gewöhnung der Muskulatur wird der Vorbau tiefer gestellt.

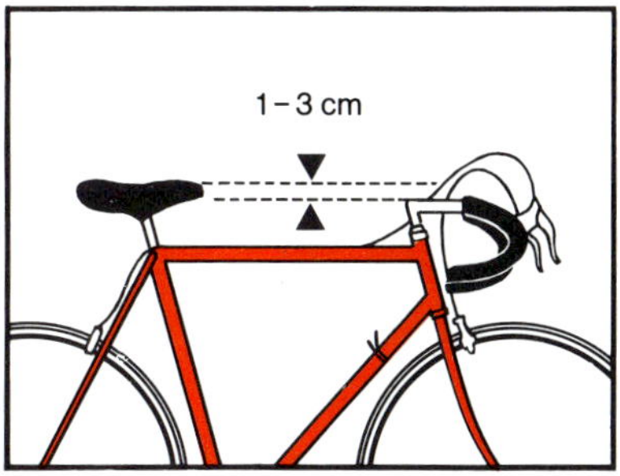

Unten: Zu den weiteren Kriterien gehört der Abstand der Sattelspitze zum Vorbau. Wie der Abstand richtig ist, zeigen Text und Bild.

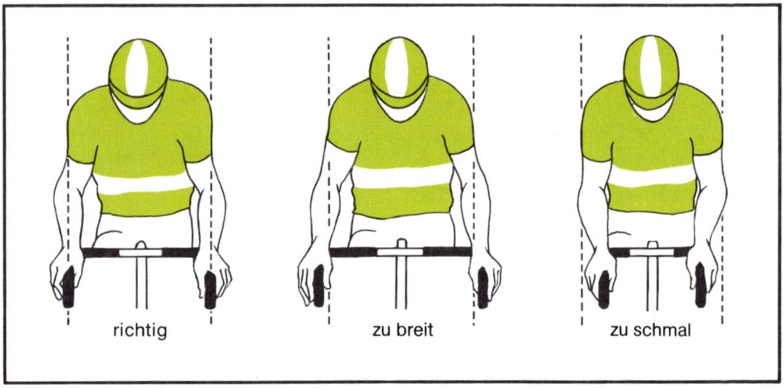

Für die Länge des Vorbaus gelten folgende Richtlinien:

8– 9 cm bei einer Rahmenhöhe von 51–53 cm
9–10 cm bei einer Rahmenhöhe von 53–55 cm
10–11 cm bei einer Rahmenhöhe von 55–57 cm
11–12 cm bei einer Rahmenhöhe von 57–59 cm
12–13 cm bei einer Rahmenhöhe von 59–60 cm

Rennbügel – breit oder schmal?

Die verschiedenen Typen der Lenkerbügel wurden im Kapitel Ausrüstung bereits besprochen. Uns interessiert hier die Breite. Lenker werden nämlich in unterschiedlichen Abmessungen hergestellt.

Die Grundregel lautet: Der Lenker muß etwa der Breite des Brustkorbes entsprechen.

In der Praxis soll die Lenkerbreite nach folgenden Gesichtspunkten gewählt werden:

Für schmal gebaute Fahrer = 38 cm

Für normal gebaute Fahrer = 40 cm

Für große, kräftige Fahrer = 42 cm

Ein zu enger Bügel behindert die Atmung, ein zu breiter ergibt einen ungünstigen Griff.

Raymond Poulidor, der populärste Radsportler in Frankreich – »der ewige Zweite«. Mit 40 Jahren wurde er bei der Tour de France noch Dritter!

BP
36
MERCIER

Aber nicht nur die Breite des Bügels ist wählbar, auch die Vorlauflänge – also Länge des Bogens und die senkrechte Tiefe des Bügels, können auf den Fahrer abgestimmt werden. Allerdings ist das in den seltensten Fällen beim Freizeitsportler notwendig.

Die Stellung des Fußes auf dem Pedal

Die Stellung des Fußes auf dem Pedal ist für die Kraftübertragung und Hebelwirkung äußerst wichtig und verdient deshalb besondere Beachtung. Der Fuß steht richtig auf dem Pedal, wenn das Gelenk des großen Zehs, beziehungsweise der Fußballen, auf der Pedalachse liegt. Eine recht einfache Regel. Damit der Fuß an dieser Stelle fixiert ist, gibt es Rennhaken, die zusammen mit dem Riemen eine korbartige Form ergeben.
Wir müssen hier der Technik des Radfahrens, die später ausführlich behandelt wird, etwas vorgreifen: Die Tretbewegung besteht nicht nur aus einer Druckphase, sondern auch aus einer Zugphase. Beim Nachobenziehen des Pedals würde jedoch der Schuh – besonders beim Bergfahren – aus dem Rennhaken rutschen. Deshalb montieren sportliche Fahrer auf ihre Schuhsohlen Pedalklammern oder Fußraster. Zusammen mit dem festgezogenen Rennhakenriemen bilden Schuh, Pedal, Rennhaken und Pedalklammern eine Einheit. Rennhakenlänge und Sitz der Pedalklammer müssen genau aufeinander abgestimmt sein. Das heißt, wenn der Fußraster den Fuß im Pedal fixiert, muß die Fußspitze am Rennhaken vorne anstoßen.

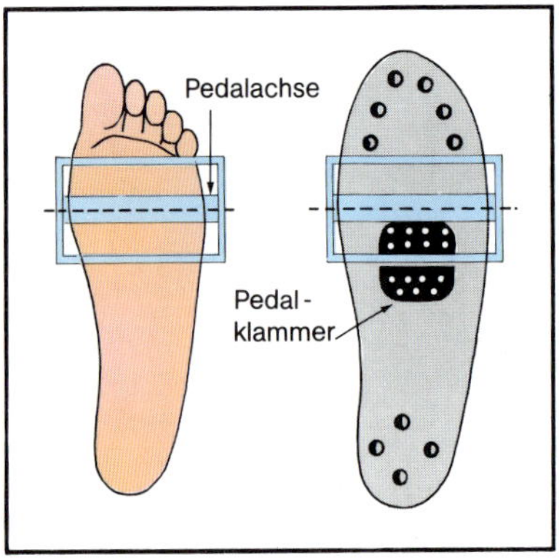

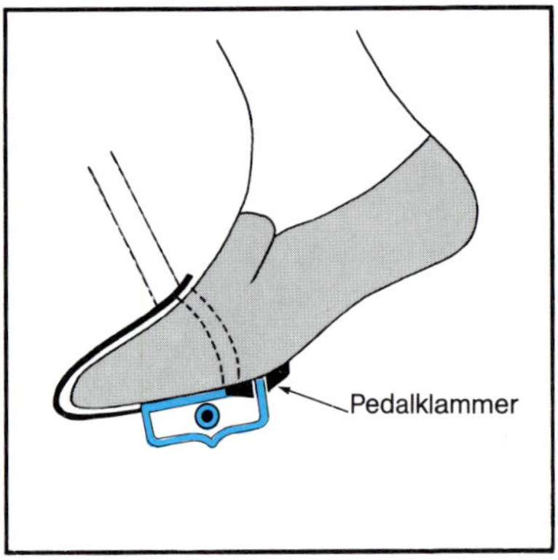

Rennhaken und Pedalklammern

Schuh-größe	Renn-hakentyp	Rennhaken-tiefe	Schuh-größe	Einstecktiefe des Schuhs
37	kurze	7,5 cm	37	10,0–10,5 cm
38	Renn-	7,5 cm	38	10,5–11,0 cm
39	haken	7,5 cm	39	11,0–11,5 cm
40	mittlere	8,5 cm	40	11,5–12,0 cm
41	Renn-	8,5 cm	41	12,0–12,5 cm
42	haken	8,5 cm	42	12,5–13,5 cm
43	größere	9,5 cm	43	13,0–13,5 cm
44	Renn-	9,5 cm	44	13,5–14,0 cm
45	haken	9,5 cm	45	14,0–14,5 cm
46		9,5 cm	46	14,5–15,0 cm

Bei den Pedal-/Schuhkombinationen ist meist eine geringfügige Verstellmöglichkeit gegeben. Hier sollte der Sportler sehr genau darauf achten, ob ihm die Stellung zusagt oder ob Kniebeschwerden auftreten. Im Extremfall ist die Marke zu wechseln.

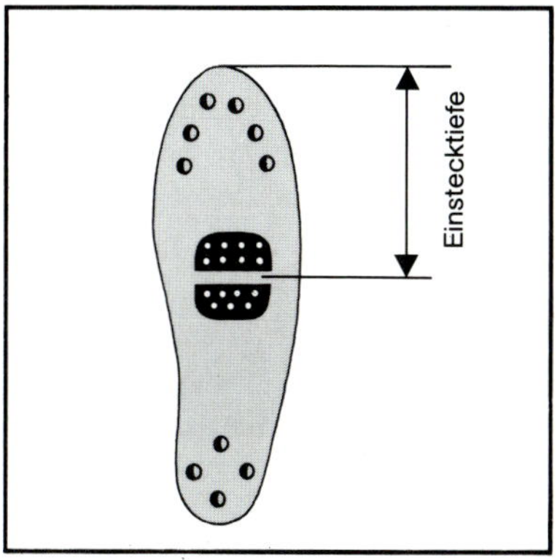

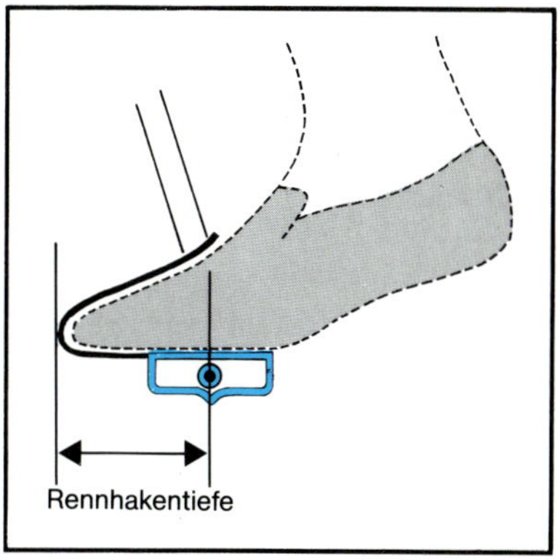

Die Montage der Pedalklammern, die der Fahrer selbst ausführen sollte, erfordert äußerste Präzision. Eine schief angebrachte Klammer mindert die Tretleistung und kann zu Schäden im Fuß- und Kniegelenk führen.
Um den genauen Winkel zu ermitteln, fährt man mit einem neuen Schuh zuerst einige Male ohne montierte Klammern. Das Pedal hinterläßt in der Schuhsohle Abdrücke, die als Anhalt für die Stellung auf der Schuhsohle dienen können. Selten bewegt sich der Fuß im rechten Winkel zum Pedal. Für eine Probefahrt sind die Klammern zuerst nur mit wenigen Nägeln zu montieren. Wenn man sich ganz sicher ist, können sie exakt auf der Schuhsohle befestigt werden.

Arbeitsgang:

1. Die Klammer mit Haftkleber bestreichen und nach kurzer Trocknung auf den Schuh drücken.
2. Eventuell etwas nachrichten.
3. Mit den vorhandenen Nägeln oder kleinen Schrauben endgültig befestigen.

Bei Kunststoffsohlen muß eventuell erst mit einem dünnen Bohrer vorgebohrt werden. Es gibt auch Schuhmodelle, bei denen die Klammer aus Kunststoff oder Metall bereits auf den Schuh montiert ist und eine individuelle Verstellmöglichkeit aufweist.

Die Übersetzung – Zahnkränze und Kettenräder

Der Radsportler versteht unter Übersetzung das Verhältnis zwischen dem Umfang der Kettenräder und der Zahnkränze. Diese Relation entscheidet über den Weg, den der Fahrer mit einer Kurbelumdrehung zurücklegt. Die Größe der Kettenräder und Zahnkränze wird in der Zahl der »Zähne« ausgedrückt. Ein 20er Zahnkranz hat also 20 Zähne. Je **größer der Unterschied** in Zähnen zwischen dem vorderen Kettenrad und dem Zahnkranz am Hinterrad ist, um so **größer** ist die Übersetzung. Also ist auch der Weg, den das Rad pro Kurbelumdrehung zurücklegt, größer. Je kleiner der Unterschied zwischen Kettenrad und Zahnkranz ist, um so kleiner ist die Übersetzung und damit die zurückgelegte Strecke pro Kurbelumdrehung.

Rudi Altig war der erfolgreichste deutsche Radprofi auf der Straße.
1966 wurde er Weltmeister auf dem Nürburgring.

VARANI
NCHI

Reifen- und Zahnkranzumfang werden in »Zoll« angegeben. Für uns ist jedoch eine Umrechnung in Meter wichtiger.

Aus der folgenden Tabelle ist waagrecht die Anzahl der Zahnkranzzähne zu entnehmen und senkrecht die Zähnezahl des Kettenrades. Aus dem waagrecht und senkrecht ermittelten Punkt kann man die **Streckenlänge pro Kurbelumdrehung in Metern ablesen.**

Ein Beispiel:

Kettenrad 52 }
Zahnkranz 18 } = 6,17 m

Was ist aber für Sie die richtige Übersetzung?

Das hängt vom Können, der Kondition und der Strecke ab (bergig oder flach). Es gibt also sehr unterschiedliche Einflußgrößen, so daß man keine feste Regel aufstellen kann. Nur soviel: Anfänger fahren fast immer mit zu großen Übersetzungen.

Mehr zum Thema Übersetzung erfahren Sie im Kapitel »Technik beim Radfahren« Seite 105.

Der Italiener Felice Gimondi. 1973 wurde er Weltmeister. Sein Siegkonto weist außerdem noch einen Sieg bei der »Tour« und drei Girosiege auf.

Übersetzungstabelle Rennrad

(27 Zoll) (Meter pro Kurbelumdrehung)

Zahl der Zähne vom Kettenrad	Zahl der Zähne des Zahnkranzes														
	12	**13**	**14**	**15**	**16**	**17**	**18**	**19**	**20**	**21**	**22**	**23**	**24**	**25**	**26**
40	7,12	6,57	6,10	5,69	5,34	5,02	4,74	4,50	4,27	4,07	3,88	3,71	3,56	3,42	3,28
41	7,30	6,73	6,25	5,84	5,47	5,15	4,86	4,60	4,37	4,17	3,98	3,80	3,64	3,50	3,36
42	7,47	6,90	6,40	5,98	5,60	5,27	4,98	4,72	4,48	4,27	4,07	3,90	3,73	3,58	3,45
43	7,65	7,06	6,56	6,12	5,74	5,40	5,10	4,83	4,59	4,37	4,17	3,99	3,82	3,67	3,53
44	7,83	7,23	6,71	6,26	5,87	5,52	5,22	4,94	4,70	4,47	4,27	4,08	3,91	3,76	3,61
45	8,01	7,39	6,86	6,40	6,00	5,65	5,34	5,05	4,80	4,57	4,37	4,18	4,00	3,84	3,69
46	8,18	7,55	7,01	6,55	6,14	5,78	5,45	5,17	4,91	4,67	4,46	4,27	4,09	3,93	3,78
47	8,36	7,72	7,17	6,69	6,27	5,90	5,57	5,28	5,02	4,78	4,56	4,36	4,18	4,01	3,86
48	8,54	7,88	7,32	6,83	6,40	6,03	5,69	5,39	5,12	4,88	4,66	4,45	4,27	4,10	3,94
49	8,72	8,05	7,47	6,97	6,54	6,15	5,81	5,50	5,23	4,98	4,75	4,55	4,36	4,18	4,02
50	8,90	8,21	7,63	7,12	6,67	6,28	5,93	5,62	5,34	5,08	4,85	4,64	4,45	4,27	4,10
51	9,07	8,38	7,78	7,26	6,81	6,40	6,05	5,73	5,44	5,18	4,95	4,73	4,54	4,35	4,19
52	9,25	8,54	7,93	7,40	6,94	6,53	6,17	5,84	5,55	5,29	5,04	4,83	4,62	4,44	4,27
53	9,43	8,70	8,08	7,54	7,07	6,66	6,29	5,95	5,66	5,39	5,14	4,92	4,71	4,52	4,35
54	9,61	8,87	8,23	7,69	7,20	6,78	6,40	6,07	5,76	5,49	5,24	5,01	4,80	4,61	4,43
55	9,79	9,03	8,39	7,83	7,34	6,91	6,52	6,18	5,87	5,59	5,34	5,10	4,89	4,69	4,51
56	9,97	9,20	8,54	7,97	7,47	7,03	6,64	6,29	5,98	5,69	5,43	5,20	4,98	4,78	4,60

SALVARAN
MONDI

Radschuhe

Radsportler tragen Spezialschuhe nicht nur wegen der aufmontierten Pedalklammern. Das Oberteil dieser Modelle ist dünn und weich, die Sohle jedoch relativ hart und steif.
Die harte Sohle bringt zwei Vorteile: Erstens drücken die Pedalzähne nicht auf den Fuß. Bei langen Strecken und der Verwendung von Turnschuhen mit weichen Sohlen kann es zu »Druckstellen« im Ballenbereich kommen. Zweitens gewährleistet die harte Sohle aus Kunststoff oder mit Stahleinlage eine bessere Kraftübertragung.

Daß der Schuh genau sitzt, ist äußerst wichtig. Bei einem zu großen Modell verliert der Fahrer ein wenig den unmittelbaren Kontakt zum Pedal. Für die kühle Zeit im Frühjahr und Herbst bieten sich neben den flachen Rennschuhen auch etwas höhere, gefütterte Schuhe an, die den Fuß warmhalten.
Durchgesetzt haben sich Schuhe mit integrierten Pedalarretierungen. Allerdings verlangen diese Sicherheitspedale etwas Übung. Bei den meisten Modellen wird der Fuß durch eine Drehung aus der Arretierung gelöst.

Rennhose

Zum Radsport gehören Rennhosen. Nicht aus modischen Gründen. Die Praxis hat gezeigt, daß sie sehr wichtig sind. Die Rennhosen bedecken mindestens ein Drittel des Oberschenkels. Dadurch verhindert man ein Wundreiben am Sattel.
Charakteristisch für das enganliegende Kleidungsstück ist ein eingenähtes Innenleder. Der Fahrer

Inzwischen haben sich Radschuhe mit integrierten Pedalarretierungen durchgesetzt. Hier entfällt die Montage von Pedalklammern.

trägt die Hose direkt auf der Haut – ohne Unterhose. Das weiche Leder schützt Schenkel und Gesäß vor Reibungen.
Um das Material sauber zu halten, ist regelmäßiges Waschen notwendig. Vor dem Training reibt man das Innenleder mit reiner Vaseline-Creme ein oder behandelt es mit Puder. Manche Sportler säubern das Leder – vor dem Einfetten – nochmals mit Äther. Peinlichste Sauberkeit ist hier angebracht, um Entzündungen zu vermeiden. Eine zweite Rennhose ist deshalb kein Luxus. Denn bei regelmäßigem Training kann stets gewechselt werden, ohne auf »nasse Wäsche«

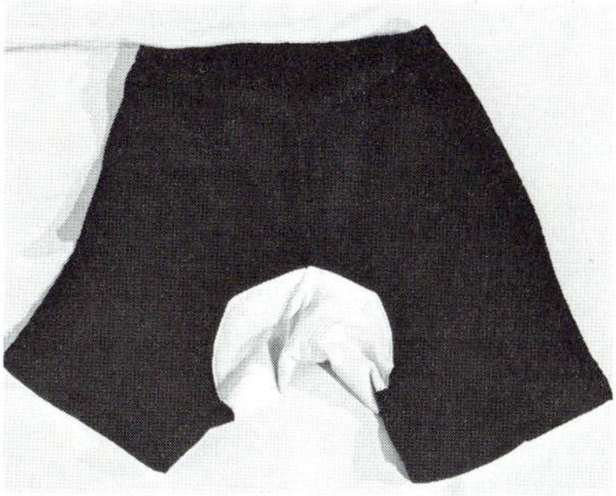

Das Wildleder der Sitzfläche ist immer gut zu pflegen, damit es seine Geschmeidigkeit behält.

Rücksicht zu nehmen. Vorsicht: Starke Hitze beim Trocknen macht das Leder steif! Gehalten wird die Hose nicht nur durch den Gummibund, sondern zusätzlich mit Hosenträgern. Ein Gürtel oder zu enger Gummibund würde nur die Atmung beeinträchtigen.
Für kühle Witterung stehen knöchellange Radhosen mit und ohne Innenleder zur Verfügung. Die schwarze Hosenfarbe wurde sicher nicht ohne Grund gewählt: Selbst der kleinste Sonnenstrahl wärmt in der kalten Jahreszeit die Beine.

Fahrradtrikot

Abenteuerliche, mehr oder weniger geschmackvolle Farben, sind die lustigen Farbtupfer des Radsports. Mit den Firmennamen und Farben ihres Idols geschmückt, kommen Radfans einem bewun-

166
33

derten Merckx, Gimondi, Hinault, Thurau oder Braun schon etwas näher. Diese Trikots haben auf unseren – leider vom Autoverkehr fast total beherrschten – Straßen nicht nur eine modische, sondern auch eine wichtige Warnfunktion. Besonders in der Übergangszeit, bei früher Dämmerung, sind grelle, gut sichtbare Farbdesigns wichtig. Man wird vom anderen Verkehrsteilnehmer wesentlich leichter gesehen.
Das Material sollte elastisch sein, gut sitzen, ohne zu beengen und den Schweiß aufnehmen. Um die Nacken- und Schultermuskulatur vor Verkrampfungen zu schützen, ist ein dichtschließender Trikotkragen unerläßlich. Je nach Witterung trägt der Fahrer Kurzarm- oder Langarmtrikots.
Ein weiteres Merkmal des Radtrikots ist der lange Schnitt. Selbst bei tiefgebeugter Haltung bleibt die Nierenpartie vollständig bedeckt. Taschen am Rücken und eventuell auch auf der Brustseite, vervollständigen das Renntrikot. In diesen Taschen sind Verpflegung, Geld oder Karten gut zu verstauen. Manche Fahrer führen auch den Reservereifen in einer dieser Trikottaschen mit.

Unterwäsche

Unter dem Trikot wird ein Unterhemd aus Wolle oder Baumwolle getragen. Sehr gut eignen sich auch neue Materialien, die keine Feuchtigkeit aufnehmen, sondern diese nach »außen« weiterleiten. Für die Übergangszeit oder auch an kühlen Tagen, empfiehlt sich die Anschaffung eines »Windlatzes«. Dieser dichte, an der Seite offene Leinenlatz, verhindert eine Unterkühlung der Brust nach schweißtreibenden Anstiegen auf zugigen Abfahrten. Dieser Windlatz ersetzt das früher bei Routiniers übliche Zeitungspapier unter dem Trikot.

Spezielle Radfahrertrikots sind lang genug um Rücken und Niere zu schützen.

Rennmütze

Die bekannte Leinenmütze schützt vor zu starker Sonneneinstrahlung, saugt den Schweiß auf (der sonst in die Augen läuft) und bildet ein gut sichtbares Zeichen für andere Verkehrsteilnehmer. Für kalte Tage gibt es spezielle, dickere Wollmützen.

Der Windlatz schützt vor Zugluft und Unterkühlungen, ohne einen Hitzestau zu verursachen. Man kann den Windlatz wie auf dem Foto direkt auf der Haut aber noch besser über einem schweißsaugenden, dünnen Unterhemd aus Wolle, Baumwolle oder neuen Spezialmaterialien tragen.

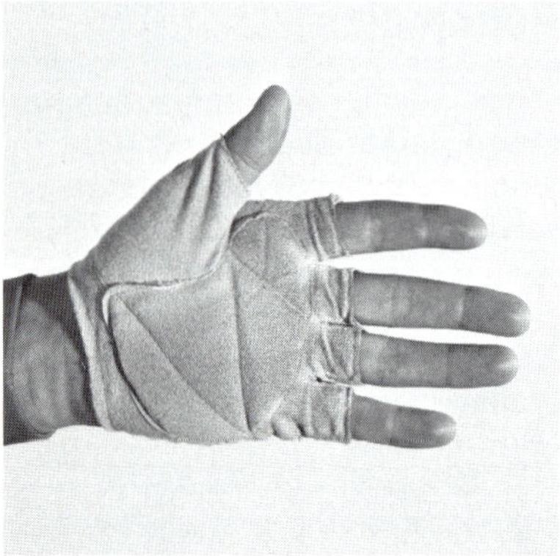

Handschuhe

Im Sommer trägt der Radsportler Handschuhe, die die Finger vorne freilassen. Die Oberseite ist durchlöchert oder aus Strickstoff, die Innenhand gepolstert. Diese leichte Polsterung dämpft Stöße ab und verhindert Blasenbildung. Bei einem Sturz ist die Verletzungsgefahr an den Händen deutlich geringer. Erfahrene Sportler benützen die Handschuhe auch, um während der Fahrt durch Auflegen der Hand auf den Reifen, Steine oder sonstige Fremdkörper herauszuwischen (das sollten jedoch nur wirkliche Könner ausführen!).

Sturzhelm oder Sturzring

Der Radfahrer ist im Straßenverkehr einer der schwächsten Teilnehmer. Er muß sich schützen so gut es geht. Einmal durch eine defensive und vorbeugende Fahrweise, zum anderen durch eigene Schutzmaßnahmen. Bei Motorradfahrern ist es ja bereits Pflicht, einen Kopfschutz zu tragen. Besonders bei Gruppenfahrten ist dem Radsportler dringend ein Sturzhelm aus Kunststoff oder ein sog. Sturzring aus Leder zu empfehlen. Bei Rennen der Rad-Amateure ist das Benutzen eines solchen Schutzes Pflicht. Wer einmal einen Sturz miterlebt hat, wird über diese Maßnahme nicht lächeln.

Sturzringe schützen aber nicht vor Aufprallwirkungen. Ein Helm ist wesentlich sicherer.

Socken

Fast jede Sportart hat bestimmte Kleidungsrituale. Beim Radsport sind es die einfarbig schwarzen Hosen und weißen Socken. So bunt der Oberkörper bekleidet ist, aber an diese Norm halten sich alle Rennfahrer.
Ein gewisser Sicherheitsfaktor spielt bei der Sockenfarbe wahrscheinlich auch eine Rolle. Von hinten gesehen, bewegen sich beim Radfahrer die Beine auf und ab. Sonst verhält sich der Körper relativ ruhig. Die Bewegung wird, noch dazu, wenn man sie durch leuchtendes Weiß unterstützt, vom anderen Verkehrsteilnehmer auch bei ungünstigen Lichtverhältnissen rascher erkannt.

Richtig gekleidet bei jeder Witterung

Während sich bei anderen Sportarten Fehler in der Bekleidung nicht so gravierend auswirken, machen sich beim Radsport oft sehr schnell Beschwerden bemerkbar: Erkältungen, Muskelverhärtungen oder Nervenentzündungen. Nicht jeder ist abgehärtet wie ein Straßenprofi. Erstaunt kann man im Frühjahr oder Herbst Freizeitsportler beobachten, die trotz empfindlicher Kühle mit kurzer Hose und kurzärmeligem Trikot fahren. Was beim Spaziergang noch als angenehme Temperatur empfunden wird, kann sich beim Radfahren, durch den nicht zu unterschätzenden Fahrtwind, als kühles »Lüftchen« herausstellen. Der erfahrene Sportler stimmt seine Kleidung auf die jeweiligen Temperaturverhältnisse ab.

Für Amateure ist das Tragen eines Sturzringes bzw. Helms Pflicht. Aber auch Profis tragen diesen wertvollen Kopfschutz bei gefährlichen Strecken.

Richtig gekleidet

Hochsommer

Frühjahr/Herbst

Langärmeliges Trikot, darunter ein Unterhemd aus Baumwolle oder Wolle, dazwischen den Windlatz. Bei kühler Witterung trägt man unter dem Trikot einen zweiten, dünnen Baumwollpulli und eine

lange Fahrradhose oder kurze Hose mit dünner, langer Überhose.

Eine winddichte Regenjacke unter dem Sattel befestigt oder in der Trikottasche transportiert, leistet bei Regen gute Dienste und schützt den nassen Oberkörper vor Unterkühlung

Kalte Tage

Wollmützen – dünne Leinenmützen wärmen nicht, sondern können durchnäßt eher eine Unterkühlung des Stirnbereichs herbeiführen.

Auffallende Farben über dem Trikot dienen der Sicherheit. Die spezielle Fahrradjacke wärmt und ist an trüben Tagen besonders auffällig. Statt einer Spezialjacke kann man auch eine dichte Trainingsjacke benutzen (Skilangläufer sind mit ihren Langlaufjacken gut bedient. Sie haben eine dichte Webart oder Beschichtung gegen Wind).

Eine lange Fahrradhose ist an kalten Tagen unerläßlich. Die Beine eventuell mit einer leicht durchblutungsfördernden Salbe einmassieren.

Wer schnell kalte Füße bekommt, kann statt der normalen Schuhe gefütterte, hohe Modelle tragen.

teka
7

Wie sich der Autobesitzer regelmäßig um Ölwechsel, Abschmierdient und Lackpflege kümmert, sollten wir unsere hochwertige Rennmaschine ebenfalls pflegen. Dieses Kapitel kann aus Freizeitsportlern keine Fahrradmechaniker machen, jedoch eine kleine Anleitung bieten für jene Tätigkeiten, die leicht selbst ausgeführt werden können. Im Kapitel über das **Radwandern** wurden bereits grundlegende Tips für die Pflege gegeben: Reinigen der Kette, Rad putzen und waschen, ölen, Ersetzen des Bremsgummis usw. (siehe auch Seite 15).

Links: Klaus Peter Thaler, Querfeldein-Weltmeister. Bei dieser besonders harten Radsportvariante ist gute Pflege des Rades selbstverständlich.

Was benötigt man als Grundausrüstung?

- 1 Satz Flachschlüssel
- 1 Satz Rundschlüssel
- Kombizange
- Petroleum
- Pflegemittel
- Schwamm, Lappen
- Reifenkitt bzw. Klebeband
- Speichenschlüssel (Nippelspanner)

Wir wollen uns hier nur auf die Beschreibung der notwendigsten Arbeiten beschränken. Bastler werden noch viel mehr an der Renn-

Foto unten:
1 Gabelschlüssel
2 Rundschlüssel
3 Imbusschlüssel
4 Reifen-Klebeband
5 Reifenkitt
6 Kombizange
7/8 Speichenschlüssel
9 Reifenflickspray
10 Schwamm
11 Alte Pinsel und Zahnbürsten

maschine entdecken und Reparaturen selbst ausführen, mit denen andere zum Mechaniker gehen. Eins sei vorab gesagt: Wer selbst an seiner Rennmaschine hantiert, muß mit äußerster Sorgfalt und Genauigkeit vorgehen. Denn auch die eigene Sicherheit kann davon abhängen. Schlampig festgezogene Schrauben, die sich beim Fahren von selbst lösen, können zu schweren Unfällen führen.

Montage eines Schlauchreifens

Reifenkitt oder Klebeband?

Wie bereits erwähnt, wird der Schlauchreifen auf die Felge geklebt. Grundsätzlich gibt es zwei Möglichkeiten:

- Kleben mit Felgenklebeband
- Kleben mit Reifenkitt.

Vorarbeiten

Ein neuer Reifen geht meist recht streng und mühsam auf die Felge. Das Aufziehen wird erleichtert durch eine Dehnung vor der Montage. Dazu steigt man mit dem Fuß auf den Reifen und zieht ihn mit den Händen nach oben (nicht reißen). Diese Prozedur wird ringsum durchgeführt – durch das Drehen des Reifens nach jedem Zug. Der Fachmann montiert ihn nun auf die unpräparierte Felge, um die nachfolgende »echte« Montage durch eine weitere Dehnung zu erleichtern.

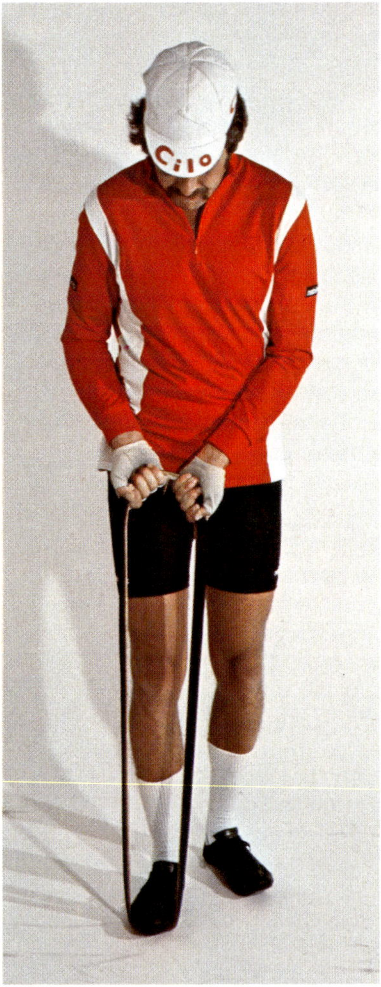

Ein neuer Reifen wird vor dem Aufziehen kräftig aber vorsichtig gedehnt. Die Montage wird dadurch wesentlich erleichtert.

1

2

Kleben mit Felgenklebeband

1 Die neue Felge muß öl- und fettfrei sein. Ein kurzes Waschen mit Waschbenzin oder ähnlichem gibt die Gewähr. Beginnend beim Ventilloch wird das Klebeband straff auf die Felge geklebt – wieder bis zum Ventil und etwas überlappend. Mit einem spitzen Gegenstand schafft man eine Öffnung für das Ventil.

1/2 Den alten oder beschädigten Reifen abziehen – beginnend gegenüber dem Ventil
3 Klebeband aufziehen
4 Klebeband mit einem festen Gegenstand andrücken.

3

2 Um eine gute Haftung des Bandes mit der Felge zu erreichen, ist ein festes Andrücken an das Felgenbett nötig. Günstig erweist sich dafür ein rundes Stück Holz oder der Griff eines Schraubenziehers.

4

3 Ein Kniff hat sich bewährt, um ein späteres Abziehen des Reifens zu erleichtern: Gegenüber dem Ventil wird auf das Klebeband ein Papierstreifen oder Lenkerband auf eine Länge von ca. 10 cm geklebt. An dieser Stelle ist ein relativ müheloses Abziehen möglich, ohne den Reifen zu beschädigen.

6

5

7

4 Das gesamte Felgenband wird, so gut es geht, mit Wasser benetzt. Nur so verhindert man ein vorzeitiges Ankleben des Reifens. Das Ausrichten wird dadurch erleichtert.

5 Den ganz leicht aufgepumpten Reifen zieht der Fahrer nun auf die Felge. Beginnend beim Ventil, das kerzengerade sitzen muß, wird er mit beiden Händen nach unten gezogen.

6 Ohne loszulassen, bringt man das Rad in eine waagrechte Position (auf die Oberschenkel oder auf einen Tisch). Den noch überstehenden Rest hebt man durch kräftigen Daumendruck über die Felge. Nur vorher gedehnte Reifen lassen sich auf Anhieb so mühelos aufziehen. Das Klebeband ist nach 2–3maligem Reifenwechsel auszutauschen.

8

Kleben mit Reifenkitt

1 Sorgfalt, Sauberkeit und Übung, verlangt das Aufkleben des Reifens mit Kitt. Bei einer neuen Felge wird nach dem Entfetten (Waschbenzin) zuerst eine Schicht Kitt aufgetragen und 24 Stunden getrocknet. 2–3 weitere Schichten sorgen für ein gutes »Kittbett« und eine sichere Reifenhaftung. (Jeweils 10 Stunden trocknen lassen.)

9

2 Die letzte Schicht – am nächsten Tag – läßt man nur kurz antrocknen, etwa 5–10 Minuten. Der Reifen ist nun aufzuziehen, wie bei der Montage mit Klebeband, jedoch mit größerer Präzision. Wer hier ungenau arbeitet, hat überall Klebereste, an den Felgen, am Reifen usw. . .
Reifenkitt kann nach einiger Zeit spröde werden. Dann ist neues Aufkleben erforderlich. Klebereste mit Waschbenzin entfernen.

10

Ausrichten

1 Nach der Montage sitzt zwar der Reifen auf der Felge, hat meist aber einen unrunden Lauf. Deshalb ist das sogenannte »Ausrichten« notwendig. Wie werden nun die »Schlagstellen« des Reifens ermittelt? Zunächst wird leicht aufgepumpt. Nun hält man das Rad links und rechts an der Achse fest und gibt ihm einen leichten Antriebsschwung. Sehr schnell sind nun die Bereiche zu erkennen, an denen der Reifen nicht gerade aufliegt. Die hellen Seitenflächen können dabei etwas irritieren, denn sie laufen fast nie parallel zur Felgenoberkante. Die Profilrillen bieten einen Anhaltspunkt, ob der Reifen spurgetreu aufgezogen wurde.

2 An den »Schlagstellen« wird der Reifen mit dem Daumen und dem Handballen in die gewünschte Position gedreht. Etwas Übung gehört schon zu dieser Arbeit. Durch mehrmaliges Üben an einem alten Reifen wird das »Ausrichten« bald zur Routine.

Achtung: Reifen, die mit Klebeband montiert wurden, kann man sofort (nach ca. $1/2$ Stunde) benutzen; gekittete Reifen benötigen eine Trockenzeit von mindestens 8–10 Stunden.

Luftmenge

Nach dem Ausrichten werden die Reifen auf normalen Druck aufgepumpt.

Was ist normal?
Um einen möglichst leichten Lauf der Räder zu erzielen, ist ein relativ hoher Luftdruck erforderlich. Rennreifen verlieren schneller an Druck, als normale Trainingsreifen. Der Luftdruck ist vor jeder Ausfahrt zu kontrollieren. Der normale Druck beträgt 7–8 bar.
Zu kontrollieren ist die Luftmenge durch eine Luftpumpe mit Druckmesser, einem separaten Druckmesser oder mit der Hand.
Legen Sie dazu den Daumen auf den Reifen und drücken Sie mit dem Handballen kräftig darauf. Da hier Kraft und Gefühl entscheidend sind, gibt es nur einen groben Anhaltswert: Der Reifen darf sich bei diesem Test auf keinen Fall mehr als ein Viertel zusammendrücken lassen.

Montage von Drahtreifen

Zuerst bringt man den Mantel über eine Seite der Felge. Der leicht aufgepumpte Schlauch wird unter den Mantel geschoben. Achten Sie darauf, daß das Ventil »gerade« steht. Die zweite Seite des Mantels »hebelt« man mit Montagehebeln über die Felgenkante. Anschließend wird der Reifen aufgepumpt.

Ein »Achter« und wie man ihn ausrichtet

Schlaglöcher oder lockere Speichen verursachen bei der leichten Rennfelge schnell einen »Achter«. Dieser ist von einem **Fachmann** leicht auszurichten. Mit einem Speichenschlüssel allein wird sich der Erfolg beim Neuling nicht einstellen. Denn zum exakten Ausrichten eines Achters ist viel Übung und Fingerspitzengefühl erforderlich. Kleinere Korrekturen und das Ausrichten eines leichten Schlages wird mit etwas Geschick auch dem Anfänger gelingen. Die Beschreibung des genauen Zentrierens wollen wir uns hier ersparen.

Dazu ist ein Zentrierständer nötig oder eine alte Gabel, die man auf eine Holzplatte montiert. Zum einfachen Nachstellen beläßt man den Reifen im Fahrrad. Ein leichter Schwung zeigt uns, nach welcher Seite das Rad schlägt. Dazu muß das Fahrrad allerdings auf einem Ständer stehen, der ein freies Laufen des Reifens ermöglicht. Folgenden Grundsatz muß man sich merken:

Die Felge reagiert auf Anziehen und Nachlassen der Speichennippel.

Die Speichen **gegenüber** des »Seitenschlages« werden angezogen, um eine Auswuchtung der Felge zu erreichen. Bei sehr hart gespannten Speichen ist unter Umständen auch ein Nachlassen auf der »Schlagseite« notwendig. Das ganze hat mit viel Gefühl zu geschehen, damit die Felge keinen Höhenschlag erhält – also bei jeder Speiche nur eine Viertelumdrehung mit dem Nippelspanner. übrigens: Anziehen bedeutet nach **links** drehen (umgekehrt als beim normalen Festdrehen der Schrauben), da der Nippel in die Speiche gedreht wird und dadurch die Spannung entsteht.

Also:
Anziehen = nach links drehen
Nachlassen = nach rechts drehen

Es gibt verschiedene Arten von Speichenschlüsseln. Mit allen Modellen ist sehr behutsam vorzugehen. Denn das Ausrichten will gelernt sein.

Wie Sie sicher jetzt festgestellt haben, ist das Zentrieren keine unkomplizierte Arbeit. Nur echte Bastler sollten sich an diese Tätigkeit heranwagen.
Eins sollten Sie noch beachten: Beim neuen oder frisch eingespeichten Laufrad lockern sich nach kurzer Zeit unter Umständen einige Speichen. Das Nachzentrieren ist meist notwendig, wenn man 300–500 km damit zurückgelegt hat.

Tips und Tricks

1 Wird der Rahmen durch einen Sturz gestaucht oder verbogen, muß er ausgewechselt werden. Die Gefahr, daß er eines Tages bricht, ist zu groß.

2 Um zu überprüfen, ob der Rahmen nach einem Sturz verbogen wurde, fährt man freihändig. Ein intakter Rahmen erlaubt eine gerade Fahrt, ein verbogener Rahmen zieht meist nach einer Seite. Dazu müßten beide Räder absolut »gerade« eingespannt sein. Oder man spannt eine Schnur von der hinteren Radgabel zum Steuerrohr und auf der anderen Seite zurück zur hinteren Radgabel. Das Sattelrohr muß genau zwischen den Schnüren liegen.

3 Zum Geradestellen des Lenkers nach einem Sturz, nimmt man das Vorderrad auf keinen Fall zwischen die Beine. Wenn die Befestigungsschraube am Vorbau nicht zu fest angezogen wurde, muß ein Schlag mit der Hand auf das Ende des Lenkers genügen, um ihn wieder geradezustellen. Denn bei zu großem Kraftaufwand kann die Innenklemme, beziehungsweise der Vorbau, beschädigt werden.

4 Es gibt einen »Sicherheitslack« aus der Automobil- und Flugzeugindustrie, den man auf die Schrauben streicht, um zu verhindern, daß sich Muttern lösen und verlorengehen.

5 Um zu überprüfen, ob die Pedale nach einem Sturz verbogen sind, leihen Sie Ihr Fahrrad einem Bekannten. Dieser wird eher als Sie den Schaden bemerken. Sie könnten sich an die Unwucht bereits gewöhnt haben. Auf lange Sicht kann ein verbogenes Pedal eine Schädigung des Kniegelenkes verursachen.

dgas

Der Bewegungsablauf beim Radfahren ist durch die Konstruktion des Rades vorgegeben. Trotzdem muß der sportliche Fahrer einige Kriterien beachten, um seine Körperkraft optimal einsetzen zu können.
Voraussetzung für eine gute Technik ist die richtige **Sitzposition.** Im Kapitel »Ein Rad nach Maß« (siehe S. 59) wurden die Einzelheiten eingehend beschrieben.
Hier nochmals die wesentlichsten Punkte:

- **Richtige Sattelstellung, sowohl in der Höhe, wie auch im Abstand zum Lenker**
- **Richtige Fußstellung auf dem Pedal**
- **Richtige Tretkurbellänge**
- **Richtige Lenkereinstellung**

Auf die »Kontaktpunkte« des Körpers mit dem Rad ist also besonders zu achten: Sattel, Lenker, Pedal.

Gregor Braun auf der Bahn. Der Olympiasieger besticht durch enorme Kraft und saubere Technik.

Das Pedalieren

Die rhythmische, gekonnte Tretarbeit nennt man »pedalieren«. Darum geht es: mit dem Pedal, auf dem der Fuß ruht, wird eine Drehung von 360° um die Achse des Tretwerkes vollzogen. Die Drehung wird durch die Kette auf das Hinterrad übertragen. So entsteht die Vorwärtsbewegung. Diesen Bewegungsablauf macht der Radfahrer automatisch. Von der richtigen Ausführung des Tretvorganges hängt das Verhältnis zwischen aufgewandter Kraft und Leistung ab.
Eine genauere Betrachtung hilft uns, die Technik besser zu verstehen: Leider beträgt der Sektor, in dem der Oberschenkel sich nach unten bewegt und die größte Kraftübertragung erfolgt, nur $^2/_5$ der Gesamtdrehung. Befindet sich nach dieser Phase das Pedal am unteren Totpunkt, muß es nach oben gebracht werden. Dies geschieht automatisch durch das andere Pedal, das man gleichzeitig nach unten drückt. Dieser Bewegungsablauf ist jedoch »eckig«. Der Fuß muß die wichtige Rolle übernehmen und daraus einen »runden« Bewegungsablauf formen.
Untersucht man die Tretbewegung genauer, stellt man 4 Sektoren fest (siehe nächste Seite).

1 Der kritische obere Sektor

In dieser Phase muß ein Druck nach vorne bei waagrechter Stellung des Pedals erfolgen.

2 Der Sektor mit der meisten Kraftübertragung

Der Oberschenkel bewegt sich nach unten, Unterschenkel und Füße strecken sich. In dieser Phase entsteht ein starker Druck nach unten.

3 Der kritische untere Sektor

Nur durch ein Kippen der Fußspitzen nach unten ist der Übergang zwischen Druck- und Zugphase herzustellen. Diese Bewegung ist äußerst wichtig und muß besonders von Neulingen beachtet werden.

4 Der Sektor mit schwacher Kraftübertragung

Der Bewegungsablauf in dieser Phase unterscheidet am stärksten den guten Techniker vom Anfänger. Der Fuß bewegt sich nämlich nicht passiv nach oben, sondern er »zieht«. Die gegenüber mit dem anderen Bein stattfindende Tretbewegung nach unten, wird dadurch stark unterstützt.
Möglich wird diese Zugbewegung erst durch die feste Verbindung von Schuh und Pedal, mittels Riemen-Rennhaken-Pedalklammern.
Dieser rhythmische und runde Bewegungszyklus ist leicht zu erreichen bei langsamen Fahrgeschwindigkeiten. Tritt man aber sehr schnell, wird die Sache schwierig. Hier werden größte Anforderungen an die Beweglichkeit der Gelenke gestellt. Dieser Rhythmus ist bis zur Perfektion zu trainieren. Erst wenn die Kombination Schub-Druck-Zug richtig sitzt, wird man von einer ökonomischen Fahrweise sprechen können, die alle beteiligten Muskelgruppen optimal einsetzt.
Die Zeichnung S. 102 zeigt anschaulich die am Tretvorgang beteiligten Muskelgruppen in den verschiedenen Phasen. Bei der Überbeanspruchung einer Muskelgruppe, durch unrhythmisches, eckiges Treten, wird die gesamte Leistung negativ beeinflußt.

Den Bewegungsablauf sollten sich alle Hobbyradsportler aufmerksam betrachten. Dann wird schnell klar, warum die Fußspitze gekippt und das Pedal nach oben gezogen wird.

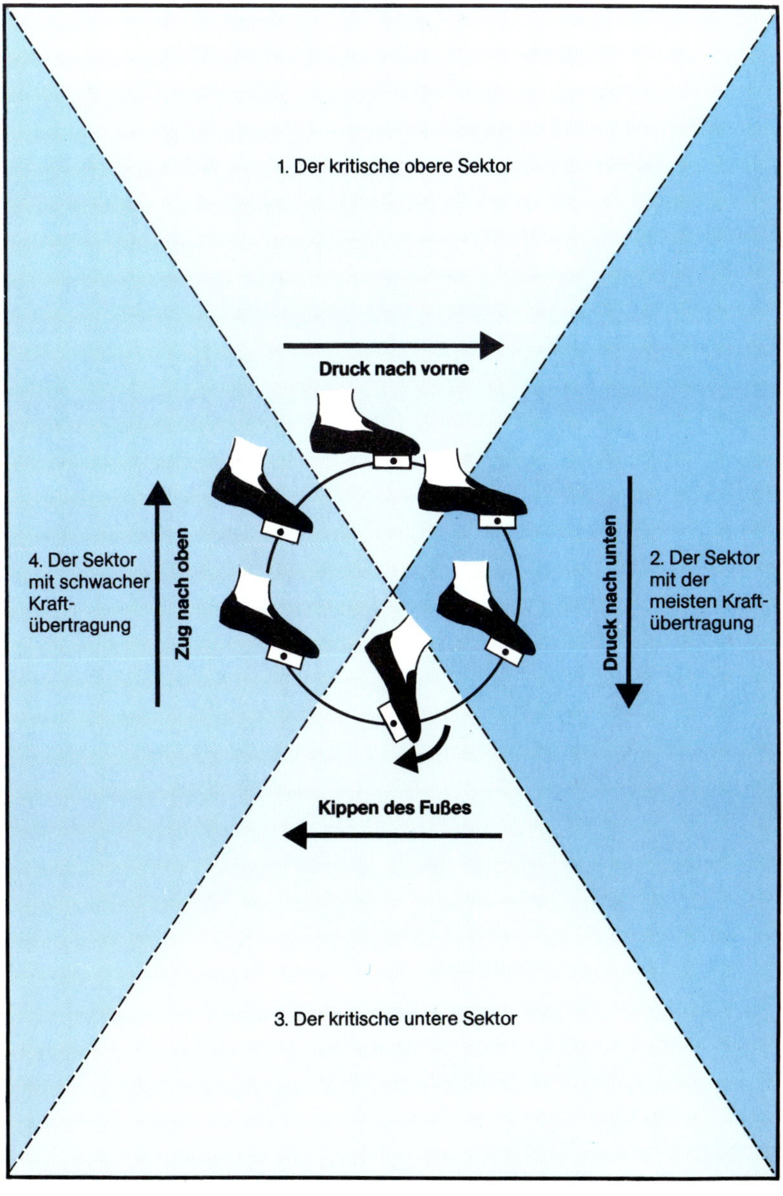
1. Der kritische obere Sektor
Druck nach vorne
4. Der Sektor mit schwacher Kraft-übertragung
Zug nach oben
Druck nach unten
2. Der Sektor mit der meisten Kraft-übertragung
Kippen des Fußes
3. Der kritische untere Sektor

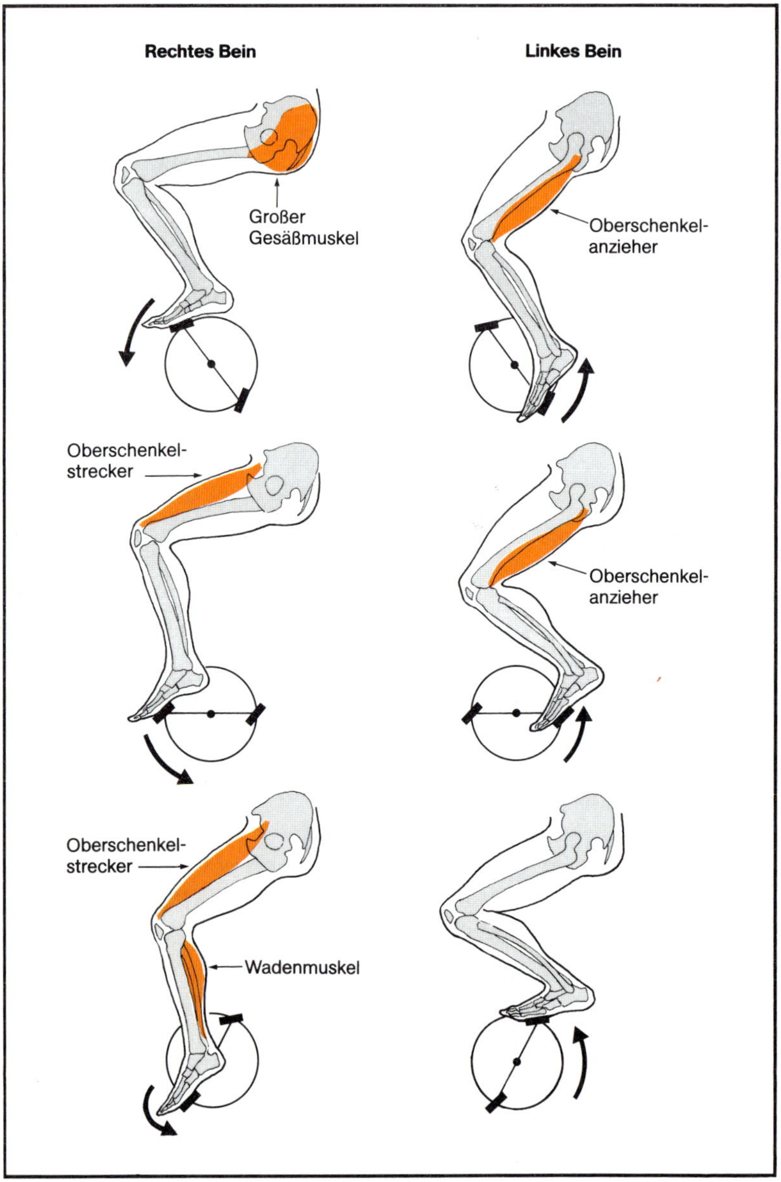
Rechtes Bein
Linkes Bein
Großer
Gesäßmuskel
Oberschenkel-
anzieher
Oberschenkel-
strecker
Oberschenkel-
anzieher
Oberschenkel-
strecker
Wadenmuskel

Der Wiegetritt

An Steigungen, die im Sitzen – trotz eines kleinen Ganges – nicht mehr zu bewältigen sind, wird der Wiegetritt angewandt. Auch beim Start oder im Sprint gehen die Fahrer aus dem Sattel. Diese Art zu treten, verlangt athletische Fähigkeiten. Die Belastung beim Wiegetritt während einer Pedalumdrehung ist vergleichbar mit dem Treppensteigen über zwei Stufen.
Der Vorteil liegt darin, daß durch den Einsatz des gesamten Körpergewichts des Fahrers auf das vordere Pedal, begleitet vom Zug auf das untere Pedal, eine höhere Beschleunigung erzielt wird.

Die Bewegung wird bei richtiger Ausführung durch einen »Zug« auf den Lenker unterstützt. Diese veränderten Beanspruchungsformen entlasten und belasten andere Muskelgruppen, als bei der Fahrt im Sitzen. Die Atmung wird gegenüber der tiefen Haltung deutlich erleichtert. Mit kleinen Übersetzungen bringt der Wiegetritt auch eine gute Übung für weiches Fahren.

Links: Die Illustration zeigt die beanspruchten Muskelgruppen in den einzelnen Phasen der Tretbewegung.

Klaus-Peter Thaler beim Wiegetritt. Eine Rundfahrt wie die »Tour« oder den »Giro«, kann nur gewinnen, wer auch in den Bergen gut ist.

MOTU
ARGNA
MO
GHAT

Die Verbesserung der Tretbewegung

Es gibt Trainer, die junge Fahrer **mit einem Bein** über eine Distanz bis 1000 m fahren lassen. Eine mittlere Übersetzung wird dazu gewählt. Die Strecke soll flach sein. Durch die fehlende Druckbewegung des zweiten Pedals, muß sich der Fahrer viel stärker auf die Zugbewegung nach oben konzentrieren. Diese Übung wird zuerst mit dem rechten, dann mit dem linken Bein ausgeführt.

Links: Der Spanier Federico Bahamontes, der »Adler von Toledo«, war der wohl größte »Kletterer« – wie Bergspezialisten genannt werden.
Unten: Eine geschlossene Hebelkette bildet der Radfahrer und sein Fahrrad. Oberkörper: Lenker-Hand-Schulter-Hand-Lenker. Unterkörper: Pedal-Bein-Becken-Bein-Pedal.

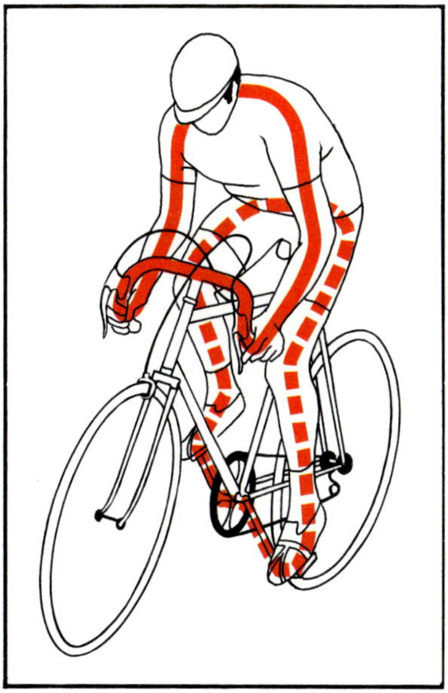

Die Wahl der Übersetzung

Es hat seinen Grund, warum dieses Thema im Kapitel »Technik« behandelt wird. Denn wer die falsche übersetzung fährt, kann auch nicht richtig pedalieren. Trotz veränderter Geländeformen sollte der Rhythmus beim Radfahren immer gleich bleiben. Denn: Die Schaltung ist nicht dazu da, die Kraft des Fahrers zu unterstützen, sondern den Bewegungsablauf möglichst gleichmäßig zu gestalten. Mit der Schaltung richtig umzugehen, dürfte allen Autofahrern nicht schwerfallen: Weder zu hochtourig noch zu untertourig fahren. Beides bekommt dem Motor nicht – und beim Radsport der Muskulatur des Fahrers.

Die Gefahr, zu kleine Übersetzungen zu wählen, besteht selten. Im Gegenteil, die meisten Radsportneulinge fahren zu große Übersetzungen. Die zu große Übersetzung verhindert ein »weiches« pedalieren und kann zur Verhärtung der Muskulatur führen. Häufiger Gebrauch zu hoher Gänge, bringt auch schnell eine »Übersäuerung« der Muskulatur mit Stoffwechselschlacken und eine Einbuße der Geschicklichkeit.

Richtig schalten:

Die 10-Gangschaltung ist eigentlich eine 8-Gangschaltung!

Die extremsten Kettenstellungen sind zu vermeiden. Das sind: vorne großes Kettenrad und hinten größter Zahnkranz oder vorne kleines Kettenrad und hinten kleinster Zahnkranz. In diesen Fällen läuft die Kette zu schräg und verursacht eine Reibung an den Zähnen der Zahnkränze. Diese Reibungswiderstände mindern natürlich auch die Leistung. Abgesehen davon ist der Verschleiß der Teile stärker (siehe Abbildung unten).

Für Profis ist das rechtzeitige Schalten bei Bergetappen entscheidend. Wer sich »verschaltet« fällt schnell zurück. Auch der Hobbysportler muß lernen, im richtigen Moment zu schalten.

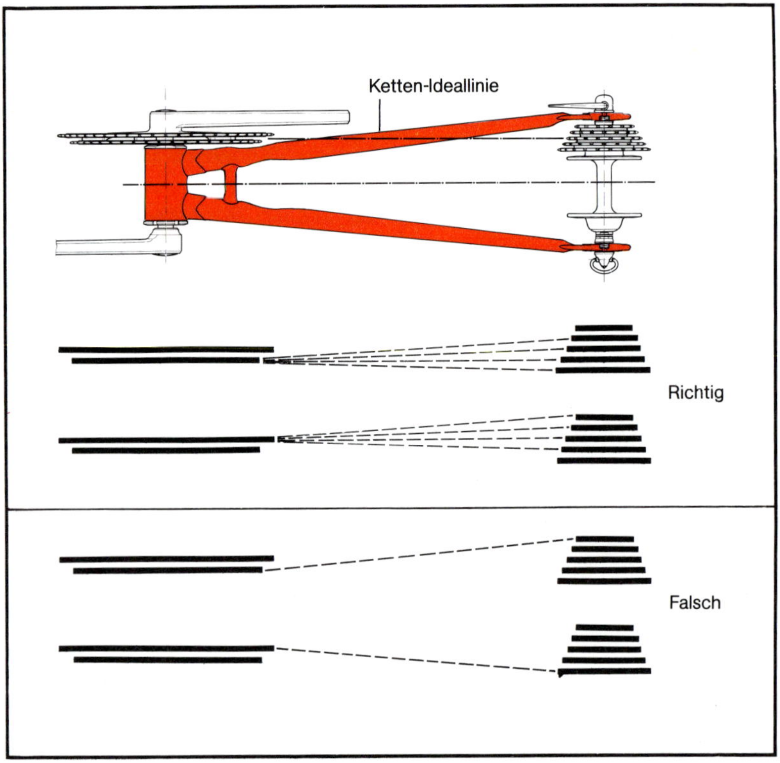

gitane

Der Radsportler wird während der Fahrt öfter die Handhaltung am Lenker ändern. Wir kennen drei Grundhaltungen, die je nach Gelände und Geschwindigkeit angewandt werden.

Am Lenker unten

Bei Gegenwind, schnellen Spurts, beim Windschattenfahren, beim Bergabfahren oder im dichten Straßenverkehr, greift man am unteren Teil des Bügels. So nimmt man die aerodynamisch günstigste Haltung ein, allerdings ist die Atmung dadurch etwas erschwert. Im dichten Straßenverkehr, beim Bergabfahren oder Windschattenfahren ist diese Griffposition zu empfehlen, weil man sehr schnell an den Bremsen ist und rasch stoppen kann.

Hände über den Bremsen

Viele Fahrer legen den überwiegenden Teil ihrer Strecken so zurück. Besonders beim Bergfahren wird diese Lenkerhaltung von den meisten Spezialisten bevorzugt. Je nach Bügelform, ist das Fahren mit den Händen über den Bremsen relativ bequem, bei gleichzeitig noch günstigem Windwiderstand. Die Bremshebel sind von dieser Position auch noch relativ schnell und sicher zu erreichen.

Hände oben am Bügel

Diese Stellung ist kennzeichnend für gemütliches und entspanntes Fahren. Eine verspannte Schulter-, Nacken- und Rückenmuskulatur kann sich in dieser Position etwas lockern.

Bergfahren

Rechtzeitig vor dem Berg schalten und die Rennhakenriemen festziehen. Die Hände fassen von oben über die Bremsgriffe. Noch wichtiger als in der Ebene, ist hier der richtige Atemrhythmus. Wer ungenügend und »flach« ein- und ausatmet, wird am Berg rasch »außer Tritt« sein.
Eine zu hohe Anfangsgeschwindigkeit ist im flachen Gelände leichter zu verdauen. Am Berg rächt sich das sehr bald. Die Muskulatur wird »sauer« und man kann die Pedale kaum mehr bewegen. Das Geheimnis des gekonnten Bergfahrens besteht unter anderem in einem steten Wechsel zwischen Treten im Sitzen und aus dem Sattel gehen. Der gute Bergfahrer vermag sogar viele Kilometer im Wiegetritt zu fahren, ohne sich zu setzen.
Bergfahrten setzen eine hohe Organkraft voraus. Wer sich untrainiert an einen hohen Berg wagt, handelt ausgesprochen leichtfertig. Bei derartigen Belastungen kann es sehr rasch zu einer Über-

Griffpositionen am Lenker

Die Hände am Lenker oben, ergibt eine entspannte Haltung für ruhiges Fahren.

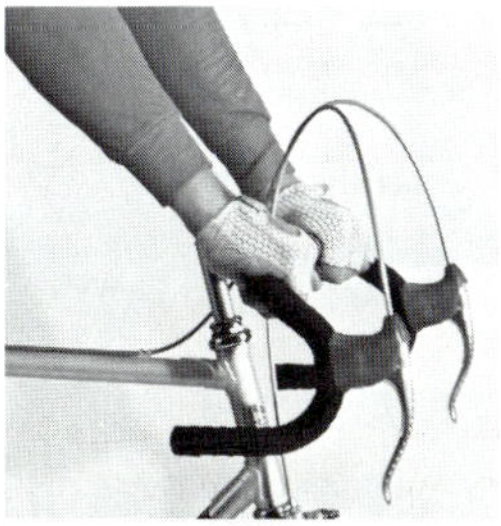

Mit den Händen über den Bremsen, ist die Haltung aerodynamisch, aber noch relativ bequem.

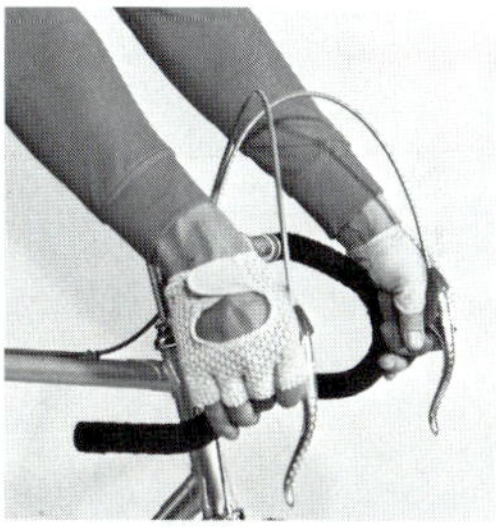

Die Hände am Lenker unten, hat man wegen der besseren »Windschlüpfrigkeit« (Sprints, Gegenwind, Windschattenfahren).

BIC
MOLTENI

beanspruchung kommen. Eine gute Kondition erhält man nicht von heute auf morgen. Ein langsamer und kontinuierlicher Anstieg der Belastung ist unumgänglich.

Bremsen – aber mit Gefühl

Es gibt Stürze beim Radfahren, die ausschließlich auf fehlerhaftes Bremsen zurückzuführen sind. Man bremst immer vorne und hinten gleichzeitig. Der Druck wird dabei langsam verstärkt. So erreicht man eine progressiv wirksame Bremsung, ohne zu schleudern. Bei Kurven ist die Geschwindigkeit durch leichtes Bremsen schon vorher zu reduzieren. Wer in der Kurve bremst, kann durch die mangelnde Haftung der Reifen leicht das Gleichgewicht verlieren. Bei nasser Straße ist das alles wesentlich schwieriger. Der Bremsgummi verliert auf nassen Felgen einen Großteil seiner Wirkung. Man darf getrost mit dem doppelten Bremsweg rechnen. Da sich die Schleudergefahr auf nasser Straße wesentlich erhöht, ist plötzliches Bremsen sehr gefährlich. Hier gilt noch mehr der Grundsatz des gefühlvollen, rechtzeitigen Reagierens.

Windschattenfahren will gelernt sein. Zentimetergenaues Auffahren, wie es auf dem Bild die Radprofis demonstrieren, ist für Hobbysportler zu gefährlich.

Kurvenfahren

Um die Kurven gut zu nehmen, darf der Radsportler nicht zu steif fahren. Alle Kurven eng ausfahren, um nicht herausgetragen zu werden, heißt die Devise. Sehr gefährlich ist das Schneiden der Kurven, wie es die Radprofis praktizieren. Beim Berufsfahrer gehört es zum Risiko und außerdem sind bei großen Rennen die Straßen für den Autoverkehr gesperrt.

Hier noch ein Tip für die Pedalstellung: Bei geraden Abfahrtsstrekken werden die Pedale waagrecht gestellt. In den Kurven muß das innere Pedal immer oben sein: Linkskurve – linkes Pedal oben, Rechtskurve – rechtes Pedal oben. Im umgekehrten Fall würde das Pedal den Boden berühren, und ein Sturz wäre die Folge.

Windschattenfahren

Mit einem oder mehreren Trainingspartnern, kann man sich während der Fahrt in der Führungsarbeit ablösen. Der Luftwiderstand ist wesentlich geringer, wenn man im Windschatten fährt, die Tretarbeit wird dadurch erleichtert. Für den Freizeitsportler kommt nur eine Variation des Windschattenfahrens in Frage: Konsequent hintereinander fahren. Staffelfahrten, bei denen man auf Grund des Seitenwindes, z. B. seitlich versetzt fährt, sind bei unserem dichten Straßenverkehr nicht möglich. Nur bei Rennen sind Formationen dieser Art zulässig. Ein Abstand von wenigen Zentimetern zum Vordermann bringt natürlich die besten Ergebnisse, verlangt aber gute Fahrtechnik und blitzschnelle Reaktion. Weniger gefährlich ist es, wenn ein gewisser Sicherheitsabstand eingehalten wird.

Beim Hintereinanderfahren sind bestimmte Regeln zu befolgen:

1 Vor dem Ablösen des Vordermannes ist der Straßenverkehr besonders zu beachten.

2 Der Vordermann sollte durch ein Signal bekanntgeben, daß er wechseln will. So wird die Gefahr von Kollisionen vermindert.

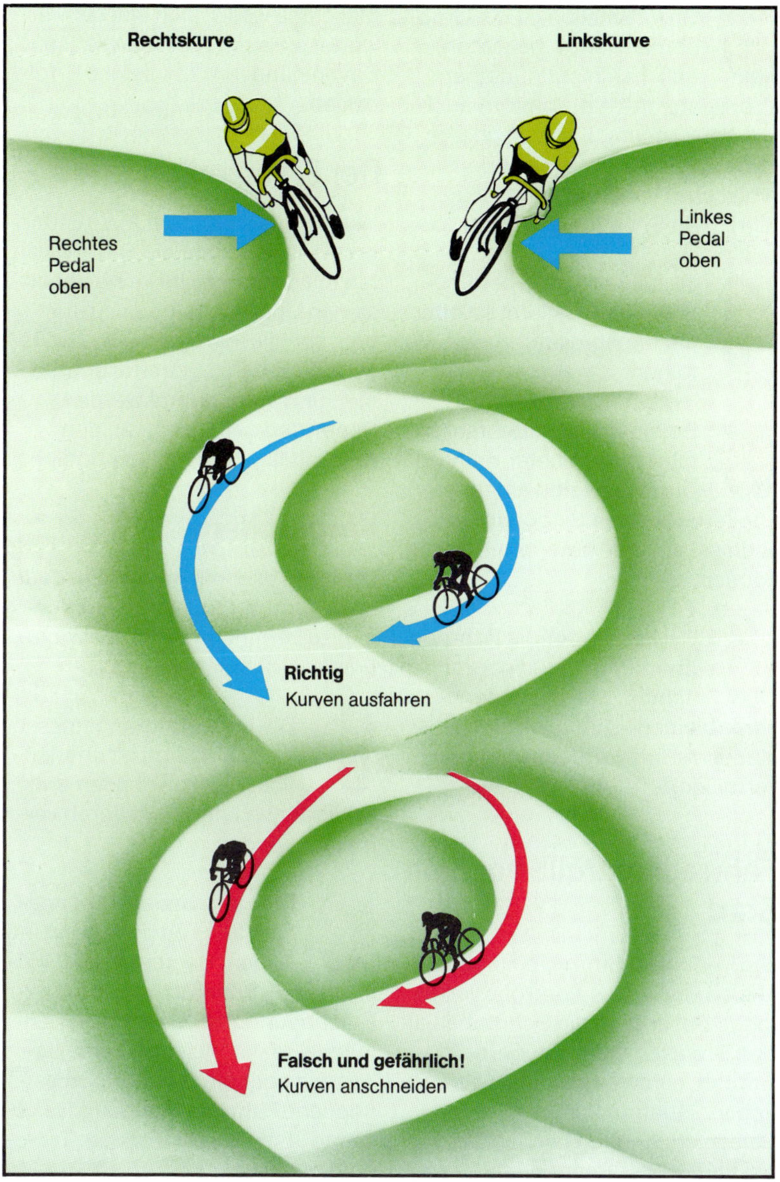
Rechtskurve
Linkskurve
Rechtes Pedal oben
Linkes Pedal oben
Richtig
Kurven ausfahren
Falsch und gefährlich!
Kurven anschneiden

3 Grundsätzlich ist bei Gruppenfahrten zu beachten, daß man nicht nur einen »Vordermann« hat, sondern auch »Hintermänner«. Ein Ausscheren ohne Zeichen oder eine andere plötzliche Reaktion, kann zu gefährlichen Situationen führen.

4 Je stärker der Gegen- oder Seitenwind ist, um so öfter hat die Ablösung zu erfolgen.

5 Beim Windschattenfahren fährt man in tiefer Haltung. Die Hände sind am unteren Lenkerbogen, die Finger an der Bremse, um jederzeit reagieren zu können.

6 Derjenige, der die Führung übernimmt, muß darauf achten, daß die anderen »dranbleiben«. Ein übermäßig starker Antritt würde die Gruppe zerreißen.

Fahrradkontrolle vor dem Start

Die Rennmaschine ist ein kompliziertes Gerät, das Kontrolle verlangt. Besonders die Schrauben an den Bremsen müssen überprüft werden, damit es zu keiner gefährlichen Situation kommen kann. Selbstverständlich beansprucht ein Fahrer, der Rennen fährt, seine Maschine wesentlich stärker – er wartet sie auch noch sorgfältiger. Davon hängt ein Teil seines Erfolges ab.

Der Ersatzreifen

Wie bereits im Kapitel Ausrüstung erwähnt, ist immer ein Reservereifen mitzuführen. Um keine unliebsamen Überraschungen zu erleben, soll dieser regelmäßig der Tasche oder dem Lederetui entnommen und aufgepumpt werden. Sonst wird der Gummi an den Knickstellen brüchig und undicht.

Körperpflege

Diesem Abschnitt kommt besondere Bedeutung zu, um Schädigungen zu verhindern. Hier die wichtigsten Grundsätze:

1 Die temperaturangemessene Bekleidung ist unerläßlich. Muskelschäden und Erkältungen können dadurch verhindert werden.

2 Die Hose bedarf besonderer Pflege nach Fahrten im Regen. Der fest in der Wolle sitzende Schmutz kann sonst zu Entzündungen führen. Das Innenleder wird mit Vaselin-Creme behandelt oder eingepudert. Empfindliche Fahrer behandeln das gesamte »Sitzfleisch« vor dem Training mit Vaseline.

3 Sollten Sie sich trotzdem »wundgefahren« haben, helfen kalte Sitzbäder, Waschung mit Kernseife und gute Hautsalben. Im Extremfall muß für kurze Zeit auf das Radtraining verzichtet und auf Ersatzsportarten ausgewichen werden (Laufen).

4 Nach dem Training körperwarm duschen, – kaltes Wasser ist in diesem Fall Gift für die Muskulatur – ein kurzes, kaltes Nachduschen schadet jedoch nicht.

5 Durch Schweiß und Staub entzündete Augen wäscht man mit einem »Augenbad« (aus der Apotheke). Empfindliche Fahrer sollten durch das Tragen einer Brille vorsorgen. Der Schweiß, der von der Stirne rinnt, kann durch eine Mütze aufgesaugt werden.

6 Muskelkrämpfe können verschiedene Ursachen haben: Überanstrengung der Muskulatur durch ungenügendes Training, Verwendung von zu großen Übersetzungen, schlechte Sitzposition und hoher Salzverlust an heißen Tagen und bei langen Belastungen. Bei einem schwachen Krampf hilft oft das Umschalten auf eine kleinere Übersetzung und das Verändern der Sitzposition durch Zurückrutschen im Sattel.
Ist der Krampf stärker, versucht man eine Linderung mit leichter Massage herbeizuführen und durch das Einnehmen von Salztabletten den Mineralhaushalt auszugleichen (bei Hitze).
Auch kalte Witterung und ungenügende Bekleidung kann zu Krämpfen führen. Einreiben vor dem Start mit einem durchblutungsfördernden Mittel vermindert in diesem Fall die Gefahr von Krämpfen.

Die Ernährung

Radsport zählt zu den Sportarten mit dem höchsten Kalorienverbrauch.
(Nach dem Skilanglauf an zweiter Stelle aller Sportarten)
Bei Etappenrennen kann der Tagesbedarf eines Fahrers 6000 Kalorien betragen. Der Freizeitsportler freut sich über diese »entspekkenden« Tatsachen. Der Energieverbrauch steigt allerdings erst bei hohen Geschwindigkeiten rasch an. So beträgt der Kalorienverbrauch bei einer Geschwindigkeit von 21 km pro Stunde und 70 kg Körpergewicht – 610 Kalorien, bei 30 Std/km bereits – 840 Kalorien!

Vor dem Training

Die letzte Mahlzeit sollte etwa 1½ Stunden vor dem Trainingsbeginn eingenommen werden. Ist das nicht möglich, weil z. B. am frühen Morgen gefahren wird, achtet der erfahrene Radsportler zumindest auf leichte, sättigende Kost, wie »Müsli« oder ähnliches. Geschmack und Verträglichkeit sind hier recht unterschiedlich und die richtige Nahrung muß ganz individuell auf den eigenen Organismus abgestimmt werden.

Trainingsverpflegung

»Essen Sie, bevor Sie Hunger haben, trinken Sie, bevor Sie Durst bekommen«.
In diesem Satz steckt alles, was über die Ernährung während des Trainings zu sagen ist. Auf kurzen Trainingsfahrten kommt man leicht ohne Verpflegung aus. Beim Training über eine größere Distanz als 60 km ist ein »Kaloriennachschub« schon während der Leistung notwendig. Dabei sind viele, kleine Portionen wesentlich günstiger, als einmal eine große. Im Abstand von 30–40 Minuten sollte der Fahrer eine Kleinigkeit essen. Wird regelmäßig in kleinen Portionen gegessen, kommt es auch nicht so leicht zu ernährungsbedingten Schwächen oder zum berüchtigten »Hungerast«. Die medizinische Bezeichnung dafür ist »Hypoglykämie«. Dabei kommt es zu einem raschen Absinken des Blutzuckerspiegels. Im Extremfall kann dabei starkes Schwindelgefühl oder Ohnmacht auftreten.
Das eignet sich für den Hobbysportler als Trainingsverpflegung:

Trockenobst, geschälte Orangen, Bananen, Reisauflauf, Obstkuchen, Schokolade, Brot mit Käse oder Schinken.

Grundsätzlich ist alles in kleinen Portionsstücken zu verpacken. (Alu-Folie, Haushalts-Folie.) So kann während der Fahrt mühelos gegessen werden.
An flüssiger Verpflegung gibt es eine Reihe von »Geheimmixturen«. Hier zwei Beispiele:

1 Für heiße Tage
Saft von 3 Zitronen, 150 g Traubenzucker, 2 Eigelb, 2 g Kochsalz, verquirlen und mit Wasser auffüllen, bis die Trinkflasche voll ist.

2 Für kühle Tage
350 g Haferschleim, 120 g Traubenzucker, 4 Eigelb, 2 g Kochsalz.

Eddy Merckx bei der »fliegenden« Verpflegungsaufnahme. Zahlreiche Stürze sind das Resultat beim Durcheinander von Fahrern und Betreuern.

FIAT
ESSO
CYCLES

Neben dem Auffüllen des Kalorienhaushalts ist der Flüssigkeitsersatz mindestens genauso wichtig. Bei Hitze werden von einem Rennfahrer in der Stunde 1,5–2 l Schweiß abgesondert (Israel/Weber). Mit dem Schweiß gehen natürlich auch Mineralien verloren. Rechtzeitiges und ausreichendes Trinken wird heute von Ärzten empfohlen. Das früher praktizierte »Nichttrinken« während der verschiedensten Ausdauersportarten hat sich als falsch erwiesen.
Wer zu Krämpfen neigt, tut gut daran, außer der normalen Verpflegung Salztabletten mitzuführen. Diese, auch vom Skilanglauf bekannten Präparate, lassen sich leicht einnehmen und verhindern bei rechtzeitiger Verwendung Muskelkrämpfe oder beseitigen bereits vorhandene.

Nach dem Training

Der Flüssigkeitsverlust, der während der Belastung nur unzureichend aufgefüllt werden kann, soll möglichst rasch gedeckt werden. Die Getränke dürfen nicht kalt oder stark kohlensäurehaltig sein. Schwerverdauliche, sehr fette Speisen sind nach ausgiebigem Training nicht anzuraten. Denn danach ist die Verdauungstätigkeit eingeschränkt. Bei vielen Sportlern besteht sofort nach dem Training auch kein Appetit auf üppige Mahlzeiten. Viel eher werden leichte, kohlehydratreiche Speisen verlangt.

Spezial-Training für Radsportler

Für alle, die etwas sportlicher fahren wollen, seien hier einige Trainings-Tips genannt. Grundsätzlich gilt, daß man sich das ganze Jahr fit zu halten hat. Dazu das Kapitel Ausgleichssport/Wintertraining (siehe S. 121). Der größte Teil der Sportler wird eine Rad-Winterpause einlegen. Im Frühjahr ist auf die Gestaltung des Trainings und die Gewöhnung an das Sportgerät »Rad« besonders Wert zu legen.

1. Trainingsstufe (4 Wochen)

Runder Tritt
Nach Möglichkeit sollte der Fahrer in dieser Phase 2–3mal pro Woche trainieren und dabei **kleine** Übersetzungen verwenden. Große Steigungen sind zu vermeiden. Bei flachen Anstiegen bleibt man sitzen und versucht den Fahrstil zu verbessern – nicht die Kraft. Bergauf wird ohne Hilfe der Arme gefahren – also ohne Zugbewegung am Lenker. Die Hände liegen nur locker auf dem Bügel.

2. Trainingsstufe (4 Wochen)

Rhythmus und Muskelbildung
Die Übersetzung wird langsam größer. Die Weichheit beim Pedalieren bleibt aber immer noch das Hauptziel. Es soll auch die Kraft trainiert werden. Deshalb wird man beim Bergfahren Abschnitte von 100 m, 200 m, 300 m, 400 m im Stehen fahren.
In den letzten zwei Wochen dieser Trainingsstufe wird außerdem Ausdauer und Schnelligkeit besonders geschult.

Ausdauerfahrt – zweimal pro Woche
Es geht dabei nicht nur darum viele Kilometer zu fahren, sondern man muß sich an die langen Belastungen gewöhnen. Es wird mit mittleren Übersetzungen gefahren und weiter auf Fahrstil, Rhythmus und Atmung geachtet. Die Pulsfrequenz sollte bei Ausdauerfahrten nicht über »130« liegen.

Schnelligkeitstraining – einmal pro Woche
Diese Trainingsfahrten sind kurz und werden nach dem Warmfahren mit einer größeren Übersetzung absolviert. Um die Muskula-

tur nicht rasch zu übersäuern, ist ein Schnelligkeitstraining mit 3–4 Fahrern zu empfehlen, die sich alle 300 m ablösen. Trotz der hohen Geschwindigkeit darf der Tritt nicht unrhythmisch und verkrampft werden.

3. Trainingsstufe (3 Wochen)

Rhythmus und Muskelbildung
In dieser Periode sind zwei lange und zwei kurze Ausfahrten auf dem Wochenprogramm.
Längere Ausfahrt: 10–15 Minuten aufwärmen.
Mehrmals sehr hohe Geschwindigkeiten über eine Dauer von 2–10 Minuten fahren. Dazwischen Erholungsperioden mit sinkender Dauer von 5–2 Minuten. Den Abschluß bildet eine ruhige Fahrt von 10–15 Minuten.
Bei fortschreitendem Training wird die Dauer der schnellen Abschnitte kontinuierlich erhöht.

Sprinttraining:
Nach dem Aufwärmen von 10–15 Minuten folgen Sprints von 300–500 m Länge. Mindestens 4–5 pro Training.

4. Trainingsstufe

Wer keine Rennambitionen hat, wird das Training der 3. Stufe in etwa beibehalten. Fühlt man sich nach einer Trainingsfahrt übermüdet, muß das nächste Training nicht gleich ausfallen. Der trainierte Sportler erholt sich sehr gut während einer leichten Spazierfahrt.

Die sportärztliche Überwachung

Für Sportler, die sich an Rennen beteiligen, ist die regelmäßige Untersuchung beim Sportarzt obligatorisch. Freizeitsportler, die älter als 35 Jahre sind oder lange Jahre keinen Sport betrieben haben, sollten unbedingt vor Trainingsbeginn einen Arzt aufsuchen und diese Untersuchung jährlich wiederholen.

Ausgleichssport und Wintertraining

Es gibt Witterungsbedingungen, bei denen das Radsporttraining wenig Spaß bereitet (bei Regen) oder zu starken Unterkühlungen führen kann (bei Temperaturen unter 0 °C). In unseren Breiten mit sehr unbeständigem Wetter sollte sich der Radsportler mindestens eine weitere Sportart aussuchen, mit der er solche Zwangspausen überbrücken kann.

Training das ganze Jahr

Der Rennsportler kann sich größere Pausen vom Radtraining nicht leisten. Er wird deshalb auch bei schlechtem Wetter trainieren oder zuhause, beziehungsweise im Vereinsheim auf der Rolle trainieren (Hometrainer). Es gibt verschiedene Systeme. Am häufigsten wird wohl ein Gerät verwendet, bei dem das Hinterrad auf zwei und das Vorderrad auf einer Rolle läuft. Es kann also das normale Fahrrad verwendet werden. Dieses Spezialgerät ist nur für Rennfahrer interessant.
Für den Freizeitsportler bieten sich andere Möglichkeiten. Ausdauersportarten sind am wertvollsten: Laufen während des ganzen Jahres und Skilanglauf im Winter.

Laufen

Lauftraining ist das ganze Jahr bei jeder Witterung möglich und verbessert die körperliche Leistungsfähigkeit. Es tritt sehr rasch ein guter Trainingseffekt ein. Verhärtete Muskulatur kann sich bei leichtem Lauftraining sehr schnell wieder lockern.

Das Training
Ein sog. **»Fahrtspiel«** im freien, möglichst hügeligen Gelände, kommt der Belastung beim Radsport am nächsten.
Nach dem Warmlaufen wechseln kurze und lange Temposteigerungen mit langsamen Trab oder Gehpausen. Mindestens 15 Minuten lockeres Traben beschließen so ein Fahrtspiel.
Nach Möglichkeit sind verschiedene Geländegegebenheiten auszunützen (Steigungen, Abhänge, Kurvenlaufen zwischen Bäumen).
Der **»Dauerlauf«** führt über längere Distanzen mit einem möglichst gleichbleibenden Tempo. Eine Pulsfrequenz von 150 Schlägen sollte nicht überschritten werden.

Skilanglauf

Zunehmender Beliebtheit bei allen Radfans erfreut sich dieser Wintersport. Er kann – ähnlich wie das Radfahren – über lange Strecken führen. Außerdem wird der ganze Körper, von den Fingerspitzen bis zu den Zehen durchtrainiert. Besonders das Training der Armmuskulatur kommt dem Radfahrer beim Bergfahren zugute. Selbst die Großen des Radsports – Eddy Merckx, Felice Gimondi u. a. – halten sich durch den Skilanglauf in Form. Bei vielen National- oder Profimannschaften gehört er fest zum Wintertrainingsprogramm. Sportlich durchgeführtes Langlauf-Training kann im hügeligen Gelände einer Beanspruchung, wie beim Radsport, entsprechen. Durch Anstiege und Abfahrten wird der Organismus des Läufers einem ständigen Belastungswechsel unterzogen. Zwar sind die Muskelgruppen der Beine etwas anders beansprucht, aber Herz und Kreislauf werden sehr gut trainiert. Besonders bei Bergfahrten im darauffolgenden Sommer spürt der Radsportler den hervorragenden Trainingseffekt des Skilanglaufes.

Das Training

Ohne große Belastung des Bewegungsapparates ist ein Training über mehrere Stunden möglich. Durch die gleitende Bewegung wird eine allzu große Überforderung der Knochen, Bänder und Sehnen vermieden.

Alle Trainingsformen sind möglich. Eine Art Fahrtspiel, mit wechselnden Pulsfrequenzen, wird durch das Gelände erzeugt. Denn die meisten Langlaufstrecken weisen außer Flachstrecken auch diverse Anstiege und Abfahrten auf. Der gute Techniker vermag sich genauso gut mit einer relativ niedrigen Pulsfrequenz über 3–4 Stunden zu bewegen. Ein ideales Training für lange Fahrten im nächsten Sommer.

Auf Ausrüstung, Technik und Training beim Skilanglauf, kann im Rahmen dieses Buches nicht ausführlich eingegangen werden. Dazu ist Spezialliteratur notwendig. In der Reihe blv sportpraxis gibt es den Band »richtig skilanglaufen«. Sich näher mit diesem Thema zu befassen lohnt, denn Skilanglauf sieht zwar spielerisch aus, verlangt aber doch intensives Training, um zu einer optimalen Lauftechnik zu gelangen.

Skilanglauf – ein hervorragender Ausgleichssport im Winter.

Fahrradbau – heute und morgen

Es gibt eine ganze Reihe von Fortbewegungsmitteln, die in den letzten Jahrzehnten wahre technische Revolutionen durchgemacht haben. Beim Fahrrad liegen große Neuerungen lange zurück. (1904 wurde von Fichtel & Sachs die Freilaufnabe erfunden.) Zwar hat man durch neue Materialien das Fahrrad wesentlich leichter und schneller gemacht, aber der technisch verwöhnte Zeitgenosse wünscht sich noch mehr Komfort. Ohne Preissteigerungen ist das nicht möglich, wenn man bedenkt, daß ein Alpin-Ski der mittleren Preisklasse ebensoviel kostet wie ein gutes Sportrad – ca. 400 DM. Beispiele zeigen, daß erfolgsgewohnte Firmen auf einem einmal erreichten Niveau gerne stehenbleiben. Wie bei zahlreichen anderen Produkten, kommen neue Denkanstöße und eine gewaltige Konkurrenz aus dem Fernen Osten – genauer gesagt, aus Japan. Die Japaner haben der Fahrradindustrie eine ganze Reihe von Neuerungen beschert und werden in einigen Jahren auf dem internationalen Fahrradmarkt ein noch gewichtiges Wort mitzureden haben. Zumindest was die Lieferung der Zubehörteile betrifft. Das Zubehör macht bei einer Rennmaschine, die 1000 DM kostet, schon mehr als die Hälfte aus: Rahmen ca. 350–400 DM, Zubehörteile 600–650 DM. Der weltweite Fahrradboom und die große Konkurrenz wird zur Verbesserung in der Wartung und Ausstattung beitragen. An der Konstruktion des Rades wird viel gebastelt und investiert. Grundlegende Neuerungen haben sich noch nicht durchgesetzt. Bei den Bahn-Weltmeisterschaften 1978 wurde eine »Wunderwaffe« angekündigt, mit völlig neuer Konstruktion: Tropfenförmige, aerodynamische Rohre; der gesamte Rahmen aus neuartigem Kunststoff. Der Traum platzte wie eine Seifenblase. Die ersten dieser WM fuhren auf »normalen« Rädern. Trotzdem war es ein mutiger Vorstoß und es bleibt abzuwarten, was dieser Markt uns in den nächsten Jahren bescheren wird.

Erstmals bei der Rad-WM 1978 wurde ein neuartiger Rahmen bei den Bahnwettkämpfen eingesetzt. Besonderheiten sind die Rohre, die aus einer Kohlenstoffverbindung bestehen, und die besondere Lenkerform. Hier fährt der bekannte Schweizer Radprofi Daniel Gisiger dieses Rad.

LEJEUNE

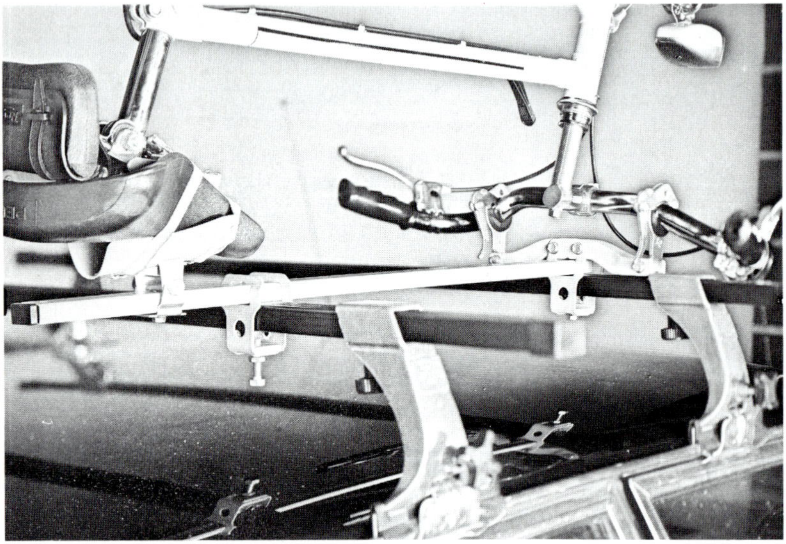

Dachständer mit Befestigung am Lenker und Sattel. Achtung bei Seitenwind.

In unserem vollmotorisierten Zeitalter haben es Radsportler nicht leicht, »abgasfreie« und relativ ungefährliche Straßen zu entdecken. So paradox es klingt, aber das Auto kann helfen, solche neue Tourenmöglichkeiten zu finden. So transportiert am besten der Großstadtbewohner sein Rad in verkehrsberuhigte Gegenden. Es ist Mode geworden, mit dem Auto in unmittelbare Nähe einer landschaftlich besonders schön gelegenen Strecke zu fahren, um den Weg mit dem Fahrrad fortzusetzen. Die sportlichen Radfahrer nehmen an einem Tag Alpenpässe ins Visier, die eine tagelange Anfahrt mit dem Rad notwendig gemacht hätten. Man kann über diesen neuen Trend geteilter Meinung sein. Eine wünschenswerte Lärm- und Abgasverminderung würde nur erreicht werden, wenn sehr viele das Auto in der Garage lassen und Wochenendausflüge oder auch kleine Einkaufsfahrten mit dem Rad durchführen. Daß so etwas möglich ist, hat der Nachbar »Holland« uns beispielhaft vorexerziert. Doch das Auto spielt in unserer Gesellschaft eben eine dominierende Rolle. So mancher Radsportler würde sich von Herzen einen autofreien Sonntag im Monat wünschen. Die staatlich verordneten »Energiespar-Sonntage« sind bei manchem in guter Erinnerung.

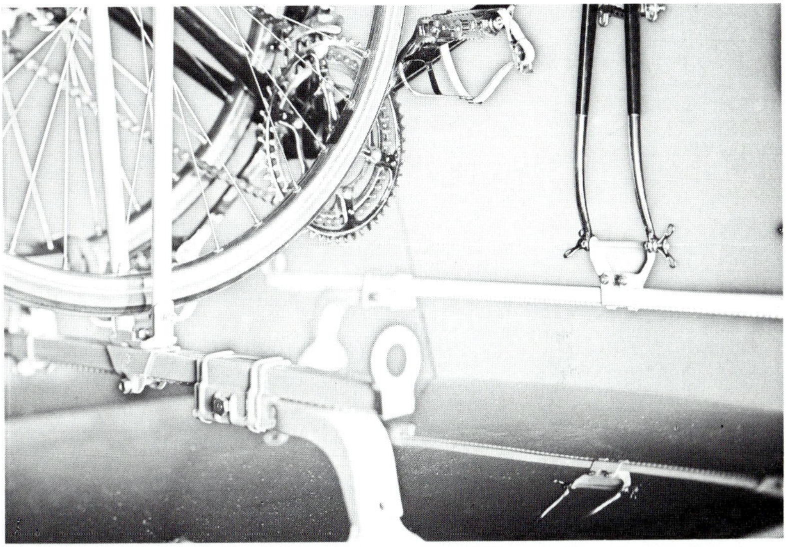

Dachständer mit Befestigung an der Gabel und am Hinterreifen. Der Vorderreifen wird von einer eigenen Vorrichtung gehalten.

Wie dem auch sei: Demjenigen, der sein Rad mit dem Auto transportieren will, werden von der Freizeitartikelindustrie eine Reihe von Möglichkeiten angeboten.
Die zusammenklappbaren Räder haben sich für längere Wanderungen nicht bewährt. Ein einzelnes Rennrad ist nach dem Ausbau des Vorderrades relativ gut im großen Kofferraum des Autos zu transportieren. Oft aber ist der Kofferraum nicht groß genug oder anderweitig belegt. Für diesen Fall gibt es zwei Typen von Autodachständern: Entweder das Fahrrad wird auf den Kopf gestellt, der Lenker von zwei Klammern gehalten und der Sattel an einer besonderen Halterung mit Riemen befestigt (Abb. links oben). Bei der zweiten Möglichkeit muß das Vorderrad aus der Gabel genommen werden. Das Rad wird mit der Vordergabel und dem Hinterrad auf dem Dachständer fixiert (Abb. oben).
Besonders bei der Art »Fahrrad auf dem Kopf« ist auf eine gute Befestigung zu achten. Seitenwinde oder Fliehkräfte, die beim Kurvenfahren auftreten, könnten gefährlich sein. Überprüfen Sie in Ihrem eigenen Interesse vor jeder Fahrt den einwandfreien Sitz des Dachständers und des darauf befestigten Fahrrades. Ein Rad bietet viel mehr Luftwiderstand, als z. B. ein Paar Ski!